# KRAFTVOLLE
# KÖRPERSPRACHE

*Mehr Erfolg im Beruf und in Beziehungen. Wie Si*
*eigene nonverbale Kommunikation perfektionieren*
*Mimik, Gestik und Haltung anderer Menschen rich*

**GERARD SHAW**

# BONUSHEFT

Mit dem Kauf dieses Buches haben Sie ein kostenloses Bonusheft erworben.

In diesem Bonusheft „Morgenroutinen der Gewinner" erhalten Sie Übungen, die Sie in Ihrem Alltag problemlos anwenden können, um Ihr Selbstbewusstsein zu steigern.

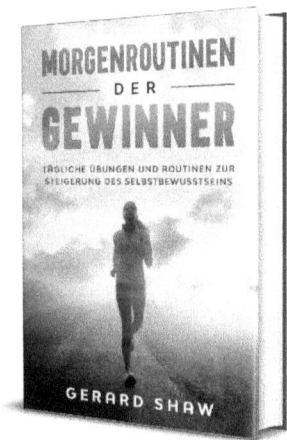

**Alle Informationen darüber, wie Sie sich schnell dieses Gratis-Bonusheft sichern können, finden Sie am Ende dieses Buches.**

Beachten Sie, dass dieses Heft nur für eine begrenzte Zeit kostenlos zum Download zur Verfügung steht.

# KRAFTVOLLE KÖRPERSPRACHE

*Mehr Erfolg im Beruf und in Beziehungen. Wie Sie Ihre eigene nonverbale Kommunikation perfektionieren und die Mimik, Gestik und Haltung anderer Menschen richtig lesen*

**GERARD SHAW**

# INHALTSVERZEICHNIS

# EINFÜHRUNG

Möchten Sie gerne andere Menschen beeinflussen und engere Beziehungen mit ihnen eingehen? Vielleicht kennen Sie jemanden, der andere immer genau lesen zu können scheint oder stets weiß, was eine andere Person denkt. Oder möchten Sie gerne in der Lage sein, in der Öffentlichkeit Reden oder Präsentationen zu halten, haben jedoch Angst, dass man Ihnen Ihre Nervosität ansieht?

Haben Sie großartige Ideen, können diese aber nicht vermitteln? Vielleicht liegt es daran, dass Ihre Körpersprache die falsche Botschaft ausstrahlt. Oder vielleicht möchte Ihr Gegenüber Ihnen etwas anhand seiner Körpersprache mitteilen, was Sie jedoch nicht verstehen. Können Sie erkennen, was Ihnen Ihr Gegenüber „sagen" will, ohne dies jedoch verbal zu artikulieren?

Wenn Sie mit einem der oben genannten Probleme zu kämpfen haben, dann hilft Ihnen dieses Buch bei der Lösung dieser Probleme weiter. Sie werden lernen, was Körpersprache ist und auf welche Art und Weise sie angewendet wird. Noch wichtiger ist jedoch, dass Sie in diesem Buch Informationen erhalten werden, die Sie tatsächlich in Ihrem Alltagsleben anwenden können. Sie werden erfahren, wie Sie lesen können, was eine andere Person Ihnen mit ihrer Körpersprache zu sagen versucht, und wie Sie Ihre eigene Körpersprache dazu verwenden, um Informationen zu vermitteln. Erzielen Sie Ihre gewünschten Ergebnisse, indem Sie an Ihrer nonverbalen Kommunikation arbeiten.

Haben Sie jemals in den Spiegel geschaut und sich gedacht: „Oh Mann, heute habe ich es aber drauf!" Möglicherweise waren Sie schick für eine Veranstaltung zurechtgemacht. Ich erinnere mich an ein Ereignis, als ich gerade frisch mit dem College fertig war und auf eine Party ging. Ich hatte mir damals kurz vorher ein Motorrad gekauft, tauchte in meiner Motorradkluft bei der Party auf und sah total cool aus. Und ich kann mich noch gut daran erinnern, wie mich die Leute den ganzen Abend über anstarrten und sich nach mir umdrehten. Sie schenkten mir ihre Aufmerksamkeit und beachteten mich. Es war nicht so, dass ich mich mit meiner Lederjacke plötzlich in einen zweiten James Dean verwandelt hätte. Aber ich strahlte bei dieser Party Selbstbewusstsein aus und alle reagierten darauf.

Das Beste daran ist, dass Sie sich keine neue Kleidung kaufen müssen. Sie müssen sich auch nicht unbedingt selbstbewusst fühlen. Sie müssen nur Selbstbewusstsein ausstrahlen, damit die Leute Sie bemerken und Ihnen ihre Aufmerksamkeit schenken. Vielleicht gehen Sie nicht so gerne auf Partys, möchten jedoch, dass Sie Ihr Chef bei der Arbeit häufiger wahrnimmt. Oder Sie halten eine Präsentation und möchten, dass die Leute Ihnen Aufmerksamkeit schenken.

Möchten Sie all diese Geheimnisse erfahren? Ich habe dieses Buch geschrieben, weil ich gelernt habe, wie ich mit großem Erfolg an meiner eigenen Körpersprache arbeite. Ich habe dabei meine eigenen Erfahrungen mit wissenschaftlich erwiesenen Erkenntnissen kombiniert und verrate Ihnen in diesem Buch alles darüber. Ich habe meine Fähigkeiten verbessert, tiefgehende Beziehungen mit anderen Menschen einzugehen. Diese Beziehungen ermöglichen mir ein wunderbares Netzwerk für mein privates und berufliches Leben und meine effektiven Kommunikationsfähigkeiten verschaffen mir ebenfalls kontinuierlich neue Möglichkeiten.

Das Wissen über die Körpersprache und deren Anwendung wird durch wissenschaftliche Studien gestützt. Ich gehe jedoch nicht näher auf die theoretischen Aspekte ein, da dies nicht den gewünschten Erfolg bringt (ich überlasse all diese Theorien Doktoranden). Stattdessen habe ich ein Buch geschrieben, das voller praktischer Ratschläge steckt. Sobald Sie das Wissen verinnerlicht haben, können Sie es zusammen mit den Techniken anwenden, die ich Ihnen in diesem Buch zur Verfügung stelle.

Ich bin ein großer Fan von den Vorteilen der nonverbalen Kommunikation und bin fest davon überzeugt, dass das Wissen, wie man nonverbale Hinweise geschickt einsetzt und interpretiert,

Ihr Leben zum Besseren verändern kann. Und damit bin ich nicht allein! Ich kenne Aussagen anderer Menschen und kenne die Veränderungen, die stattfinden, wenn Menschen lernen, nonverbal zu „kommunizieren". Menschen, die das Wissen in diesem Buch nutzten, erwarben ein ganz neues Vokabular, das sie vorher nicht hatten. Sie strahlen Vertrauen und Erfolg nicht nur beruflich, sondern in allen Lebensbereichen aus. Jeder profitiert davon, wenn unsere Nachrichten korrekt und mit weniger Missverständnissen übermittelt werden.

Wenn Sie dieses Buch lesen und die Schritte in die Tat umsetzen, können auch Sie von Tag zu Tag erfolgreicher werden. Ich habe zahlreiche wertvolle Informationen gesammelt, die Ihnen dabei helfen werden, Ihre Kommunikationsfähigkeiten, Ihren Stil sowie Ihre Fähigkeiten mit Menschen zu interagieren, zu verbessern. Sich anderen Personen zu präsentieren, auch denen, die Sie nicht kennen, muss keine schwierige Aufgabe sein!

Dieses Buch richtet sich an all diejenigen Personen, die in jedem Aspekt ihres Lebens erfolgreich sein möchten, sei es in ihren Beziehungen, in ihrer beruflichen Karriere oder auch nur, um die Ziele zu erreichen, die sie sich gesetzt haben. Viele junge Erwachsene verlassen sich auf E-Mails und soziale Medien, um miteinander in Kontakt zu bleiben. Doch im wirklichen Leben müssen Sie auch persönlich erscheinen. In der heutigen Welt geht es nicht nur um die Worte, die Sie verwenden. Es geht darum, wie Sie Ihre Botschaft übermitteln, wenn Sie mit anderen Personen sprechen.

Wörter sind nur ein Teil von dem, was Sie sagen. Doch auch der Rest Ihres Körpers kommuniziert. Tatsächlich findet der Großteil der Kommunikation von Angesicht zu Angesicht über Ihre visuellen Sinne statt, nicht über Ihre auditorischen. Die Techniken in diesem Buch zeigen Ihnen, wie Sie sich richtig bewegen (oder nicht bewegen!), und zwar passend zu dem, was Sie sagen möchten. Wenn Sie sich ohne großen Abstand neben eine Person setzen, dann wissen Sie genau, was Sie dieser Person sagen. Und wenn Sie die Arme verschränken, dann ist die Nachricht, die Sie senden, beabsichtigt.

Sie werden in diesem Buch lernen, andere Menschen zu lesen, da das Lesen der Körpersprache eine Fähigkeit ist, die sich erlernen lässt, genauso wie Lesen oder Fahrradfahren. Und genau wie beim Fahrradfahren gilt auch hier: Je häufiger Sie üben, desto besser werden Sie. Wenn eine Person, mit der Sie sich unterhalten, ihre Arme verschränkt, dann werden Sie wissen, was diese Person Ihnen eigentlich mitteilen will!

Sobald Sie Maßnahmen ergreifen, werden Sie eine Verbesserung Ihrer Fähigkeiten feststellen, und zwar nicht nur in Bezug auf die Kommunikation mit anderen Personen, sondern auch mit sich selbst. Einige nonverbale Hinweise erzeugen tatsächlich positive Rückkopplungsschleifen für Sie, wenn Sie sie anwenden. Sie werden herausfinden, wie Sie diese nonverbalen Hinweise erfolgreich anwenden können. Je mehr Sie beispielsweise Ihre Körpersprache anwenden, um Vertrauen zu vermitteln, desto selbstbewusster fühlen Sie sich. Andere Personen werden dieses Verhalten bemerken und positiv auf Sie reagieren, was Sie wiederum selbstsicherer macht! Auch wenn Sie die Körpersprache-Techniken nur anwenden, um Ihr Erscheinungsbild zu verbessern, so werden Sie ebenfalls von den Ergebnissen begeistert sein.

Wie werden Sie charismatischer oder stechen aus einer Menschenmenge hervor? Wie entwickeln Sie bedeutungsvolle Beziehungen zu anderen Menschen? Wie sprechen Sie vor einem Publikum, sodass dieses mehr von Ihnen sehen will? Zunächst einmal werde ich die wissenschaftlichen Hintergründe der Körpersprache näher erläutern – wie Informationen über die Dinge, die Sie sehen, hören, riechen, schmecken und fühlen, zu Ihrem Gehirn gelangen und wie diese die Freisetzung von chemischen Botenstoffen (Neurotransmitter und Hormone) auslösen, welche wiederum zahlreiche Auswirkungen auf Ihren Körper haben.

Wenn Sie erst einmal verstanden haben, wie Körper und Gehirn miteinander verbunden sind, werde ich Ihnen die „Anzeichen" der Körpersprache für bestimmte Stimmungslagen und Emotionen erklären. Sie werden die Geheimnisse erfahren, wie Sie Ihre Emotionen kontrollieren können. Anschließend werden Sie dazu in der Lage sein, die Reaktionen von anderen Menschen zu lesen. Welche Körperteile kommunizieren am meisten und an welcher Stelle sollten Sie mit dem „Lesen" beginnen? Wonach sollten Sie bei anderen Menschen suchen, sodass Sie deren Botschaft verstehen?

Zu diesem Zeitpunkt werden Sie bereits ein solides Hintergrundwissen zum Thema Körpersprache haben. Danach konzentriere ich mich darauf, wie man mitreißende Präsentationen hält, betrügerische Absichten bei anderen erkennt, charismatisch wird und bedeutungsvolle Beziehungen aufbaut.

Schließlich verrate ich Ihnen Tipps und Tricks für den Alltag. Die Körpersprache ist eine Fähigkeit, die man entweder nutzt oder verlernt. Ihre Fähigkeit, ohne Worte zu kommunizieren, wird sich verbessern, je mehr Sie an ihr arbeiten. Wenn Sie jedoch damit aufhören, werden Sie diese Fähigkeit langsam verlieren. Hierbei handelt es sich nicht um eine Fähigkeit, mit der man sich nur kurz beschäftigt, um sie dann wieder zu vergessen. Glücklicherweise erfordern diese Schritte keine intellektuellen Gedanken, tiefe Meditationen oder anderen zeitaufwändigen Prozesse. Nonverbale Kommunikation ist eine Gewohnheit, die Sie für den Rest Ihres Lebens verwenden werden, und es handelt sich hierbei nicht um eine Fähigkeit, die besser funktioniert, wenn Sie sie auf die lange Bank schieben.

Wenn Sie jetzt alles sofort anwenden könnten, was Sie über die nonverbale Kommunikation in diesem Buch lernen werden, dann würden sich in diesem Moment neue Möglichkeiten für Sie ergeben. Sie wären dazu in der Lage, bedeutungsvolle Verbindungen zu anderen Menschen zu knüpfen und sogar ehrliche und tiefe Beziehung mit Ihrem Publikum einzugehen … Und zwar jetzt sofort.

Möchten Sie gern Ihr Leben zum Besseren zu verändern? Dann müssen Sie Maßnahmen ergreifen. Wenn Sie tun, was Sie schon immer getan haben, dann werden Sie bekommen, was Sie schon immer bekommen haben. Einstein sagte: „Die Definition von Wahnsinn besteht darin, dieselben Dinge immer und immer wieder zu tun, jedoch andere Ergebnisse zu erwarten."

Sie müssen nicht Ihr komplettes Leben oder Ihren Tagesablauf auf den Kopf stellen oder alles in Frage stellen, was Sie von morgens bis abends tun. Sie müssen jedoch wahrscheinlich einige Anpassungen vornehmen und üben, andere Personen in Bezug auf die Botschaften beobachten, die diese ohne Worte aussenden. Um jedoch Möglichkeiten zu schaffen und sich weiterzuentwickeln, müssen Sie Maßnahmen ergreifen.

Worte sind wichtig. Und die richtigen Worte sind der Schlüssel.

Nutzen Sie jedoch dazu auch die Macht der Körpersprache, um Ihre Botschaften nonverbal ausdrücken.

Lesen Sie also weiter und finden Sie heraus, welche Schritte Sie unternehmen müssen ... Und dann setzen Sie diese Schritte in die Tat um.

# KAPITEL 1:

# Der wissenschaftliche Hintergrund der Körpersprache

Sie haben wahrscheinlich bereits davon gehört, fragen sich aber möglicherweise, was genau man unter Körpersprache versteht. Die Körpersprache ist ein Gespräch ohne Sprache, die nur mit Hilfe von Mimik und körperlichen Gesten stattfindet. Zur Körpersprache gehören auch Tonfall, Körperhaltung, Lautstärke, Sprechgeschwindigkeit, Augenkontakt sowie weitere Aspekte. Die nonverbale Kommunikation ist oft wichtiger als die Worte, die Sie tatsächlich sagen, um Ihre Botschaft zu übermitteln.

Möglicherweise haben Sie der Körpersprache vorher nicht allzu viel Aufmerksamkeit geschenkt, was in Ordnung ist. Vielleicht sind Ihnen jedoch bereits einige Beispiele aufgefallen, bei denen die Körpersprache ein wichtiger Faktor war.

Stellen Sie sich eine Person vor, die auf den Boden schaut und den Kopf hängen lässt. Die Person hat eine zusammengesackte Körperhaltung, ihre Schultern hängen herunter und sie sieht Ihnen nicht in die Augen. Würden Sie dieser Person glauben, wenn sie Ihnen mit monotoner Stimme „Ich bin gerade so glücklich" sagen würde? Natürlich nicht. Die Art und Weise, wie diese Person sich körperlich ausdrückt, ist nicht die eines glücklichen Menschen.

Stellen Sie sich nun im Gegensatz dazu jemanden vor, der mit gerader Körperhaltung vor Ihnen steht, Ihnen direkt in die Augen sieht und mit einem Lächeln im Gesicht fest Ihre Hand drückt. Würden Sie dieser Person glauben, wenn sie zu Ihnen „Ich bin gerade so glücklich" sagen würde? Vermutlich ja, denn die Körpersprache dieser Person ist positiv.

Für die Kommunikation sind sowohl Körpersprache als auch Sprache notwendig. Wir lernen in der Schule, von unseren Eltern oder vielleicht auch aus Film und Fernsehen, wie man spricht. Aber oftmals lernen wir nicht, wie wir unseren Körper einsetzen können, um zu unterstreichen, was wir meinen.

Bei der Verwendung der Körpersprache geht es nicht darum, Ihre Persönlichkeit zu verändern oder eine andere Person zu werden! Es geht darum, Ihre Kommunikationsfähigkeit zu verbessern und Ihre sozialen Fähigkeiten zu erweitern. Die Körpersprache ist keine exakte Wissenschaft, da sie auf menschlichem Verhalten basiert und nicht alle Menschen in jeder Situation gleich reagieren.

Die Körpersprache ist sowohl angeboren als auch erlernbar. Wir Menschen haben uns mit einigen Aspekten der Körpersprache weiterentwickelt, die fast schon reflexiver Natur sein können. Dies sind die Verhaltensweisen, von denen Sie möglicherweise nicht einmal wissen, dass Sie sie ausführen. Andere Verhaltensweisen basieren auf der jeweiligen Kultur, weswegen diese von Land zu Land unterschiedlich sein können.

Die nonverbale Kommunikation kam vor dem Sprechen, sodass sie immer ein Teil von uns sein wird. Beobachten Sie doch einmal Tiere und die Art und Weise, wie diese ohne Sprache miteinander kommunizieren. Charles Darwin begann mit wissenschaftlichen Untersuchungen, wie Menschen und Tiere nonverbal kommunizieren, und ein Großteil des heutigen Wissens beruht auf diesen Grundlagen.

## Die neurowissenschaftlichen Hintergründe der Körpersprache

Unser Gehirn steuert unsere freiwilligen und unfreiwilligen Körperbewegungen. Der Mensch besitzt ein zentrales Nervensystem, das aus Nerven im Rückenmark und dem Gehirn selbst besteht. Wir haben zudem periphere Nerven überall im Körper, die

Informationen aufnehmen und weitergeben. Wenn Ihre Nase beispielsweise an einer Blume riecht, senden die beteiligten peripheren Nerven Signale an das Rückenmark. Diese Signale sind elektrischer und/oder chemischer Natur. Das Rückenmark leitet die Signale dann bei Bedarf an die sensorischen Verarbeitungszentren des Gehirns und an andere Funktionsbereiche weiter.

Ein Teil des Zentralnervensystems ist das autonome Nervensystem, das nicht bewusst kontrolliert wird. Dieses System reguliert unter anderem die Atmung, die Pumpbewegungen des Herzens sowie die Freisetzung der Energiereserven der Muskeln. Es besteht aus zwei Teilen, die konträr zueinander arbeiten und sich gegenseitig überwachen.

Das sympathische Nervensystem erhöht die Stimulation und Aktivierung. Es setzt chemische Stoffe frei, um die Atmung zu beschleunigen und die Blutgefäße zu erweitern. Dadurch wird die Durchblutung von Körperteilen minimiert, die diese in einem Zustand erhöhter Wachsamkeit nicht benötigen, wie z. B. das Verdauungssystem. Das Gegenteil, das parasympathische System, kommt während Ruhe und Entspannung ins Spiel: Die Atmung verlangsamt sich, das Verdauungssystem wird angeregt usw.

Das menschliche Gehirn enthält zudem den präfrontalen Kortex, der die Entscheidungsfindung, das Denken und andere komplexe Verhaltensweisen steuert. Wenn Maßnahmen ergriffen werden müssen, leitet das Gehirn diese Absicht an die Motoneuronen des peripheren Systems zurück. Diese Nerven signalisieren dann den entsprechenden Muskeln, die Aktion auszuführen.

Natürlich dauert dieser Vorgang viel kürzer, als ihn zu beschreiben! Einige Aktionen müssen nicht einmal zuerst zum Gehirn gelangen. Wenn ein Reflexnerv stimuliert wird (Sie berühren eine heiße Herdplatte), werden die erforderlichen Motoneuronen aktiviert (Sie ziehen Ihre Hand zurück).

Der präfrontale Kortex ist nur beim Menschen vorhanden, Tiere haben keinen. Wir haben jedoch einige Teile des Gehirns mit

Tieren gemeinsam. Möglicherweise haben Sie schon einmal von einem Teil des Gehirns gehört, der als „Eidechsen-" oder „Reptilienhirn" bezeichnet wird. Dieser ältere Teil des Gehirns ist für den „Kampf oder Flucht"-Reflex verantwortlich und wenn dieser Teil des Gehirns aktiv ist, dann ist der präfrontale Kortex inaktiv.

Das liegt daran, dass wir uns in der afrikanischen Savanne neben wilden Tieren, die uns töten konnten, zu Menschen entwickelt haben. Die Menschen, die damals überlebt haben, waren diejenigen, die weggerannt sind, sobald sie einen Löwen gesehen haben, weil ihr Kampf- oder Fluchtreflex aktiviert wurde. Sie hätten nicht überlebt, wenn ihr präfrontaler Kortex erst einmal überlegt hätte, welche Maßnahmen nun zu ergreifen sind! Doch wie kommt es zu diesem Kampf- oder Fluchtreflex?

Ob Sie es glauben oder nicht, diesem Reflex liegen zu 100 % chemische Botenstoffe und elektrische Prozesse zugrunde, die im Gehirn aktiv sind. Wenn Nerven durch elektrische Signale miteinander kommunizieren, setzen sie chemische Botenstoffe frei, die als Neurotransmitter bezeichnet werden. Diese Neurotransmitter können entweder den nächsten Nerv anregen („go") oder ihn hemmen („no-go"). Dieses System bestimmt, welche Nachrichten weitergeleitet werden.

Neurotransmitter gibt es in den verschiedensten Formen. Zusätzlich zur Auslösung der „Go-/No-Go"-Prozesse können sie ebenfalls die Stimmung und das Verhalten beeinflussen. Die Vorbereitung des Körpers auf Maßnahmen erfolgt in zwei Varianten: Noradrenalin und Adrenalin. Noradrenalin erhöht die Wachsamkeit und befindet sich während des Schlafens im Körper auf dem niedrigsten Stand. Noradrenalin fokussiert die Aufmerksamkeit und beschleunigt Ihren Herzschlag. Es ist auch verantwortlich für Angst und Nervosität. Adrenalin erhöht ebenfalls die Herzfrequenz und beschleunigt die Durchblutung Ihrer Muskeln. Angst, Schweiß und Unsicherheit stehen ebenfalls mit Adrenalin in Verbindung.

Zu den Glücks-Botenstoffen gehören Dopamin und Serotonin. Neuronen setzen Dopamin frei, wenn Sie Freude und Aufregung verspüren. Dopamin fordert Ihren Körper auf, mehr von dem zu tun, was in Ihnen ein Glücksgefühl auslöst. Wie man bei verschiedenen Suchterkrankungen erkennen kann, ist das nicht immer gut! Serotonin wird zum Behandeln von Schlafstörungen, zur Stimmungsaufhellung und zur Bekämpfung von Depressionen eingesetzt.

Hormone ähneln Neurotransmittern. Aber anstatt Informationen zwischen den Nerven weiterzugeben, arbeiten sie im Blutkreislauf. Einige chemische Botenstoffe wie Adrenalin können sowohl Hormone als auch Neurotransmitter sein. Adrenalin und das Hormon Cortisol werden freigesetzt, wenn sich das Gehirn in einem bewussten Zustand befindet. Weitere Hormone sind Oxytocin, das die Bindung beim Menschen fördert; Androgene, einschließlich Testosteron, die die männliche Geschlechtsreife fördern, sowie Östrogene wie Östradiol, die die weibliche Geschlechtsreife steuern.

Die Neurotransmitter sind wichtig für die Regulierung von Emotionen und Gefühlen. Serotonin kann zum Beispiel Wut und Gewalttätigkeit reduzieren. Sie müssen in der Lage sein, sich zurückzuhalten anstatt Ihren Emotionen freien Lauf zu lassen, wenn Sie sicherstellen möchten, dass Sie die richtigen Signale für Ihre nonverbale Kommunikation senden. Achten Sie außerdem darauf, dass Ihre Emotionen der Nachricht, die jemand anderes Ihnen senden möchte, nicht im Wege stehen!

All diese Systeme und chemischen Botenstoffe beeinflussen Ihre Körpersprache. Ihr Gehirn erkennt eine Bedrohung und sendet Signale aus, um Ihren Körper in Alarmbereitschaft zu versetzen. Der Teil Ihres Gehirns, der für den Kampf- oder Fluchtreflex verantwortlich ist, kann jedoch nicht den Unterschied zwischen der Bedrohung durch einen Tiger und der Bedrohung durch das Sprechen vor einem Publikum erkennen. In beiden Situationen findet die gleiche chemische Freisetzung von Adrenalin und Cortisol statt, die Ihr Herz beschleunigt und Sie unter anderem nervös macht. Zu einem späteren Zeitpunkt in diesem Buch werde ich darüber sprechen, was Sie tun können, um die Bedrohungsstufe zu verringern, damit Sie charismatisch und selbstbewusst auftreten können, anstatt unsicher zu sein.

## Mehr über Körpersprache lernen

Es gibt einige Dinge an uns Menschen, die nicht geändert werden können. Wenn Sie Angst haben, treten bestimmte chemische Reaktionen auf. Menschen (und Tiere) können jedoch konditioniert oder trainiert werden, um einen Reiz mit einer Reaktion zu verbinden.

Zum Beispiel haben Sie wahrscheinlich schon einmal vom Pawlowschen Hund gehört. In seinen Experimenten konditionierte Pawlow Hunde, um Futter mit dem Läuten einer Glocke in Verbindung zu bringen. Mit der Zeit begannen die Hunde, Speichel zu produzieren, wenn sie eine Glocke hörten.

Es gibt eine biologische Grundlage für dieses Verhalten. Hunde produzieren Speichel, wenn es Fütterungszeit ist. Die klassische Konditionierung erfordert eine biologische Grundlage, und zwar unabhängig davon, ob Sie mit Hunden oder Menschen arbeiten. Während ihres gesamten Lebens werden die Menschen konditioniert und das oftmals, ohne es zu wissen. Wir sind biologisch darauf trainiert, bei potenziellen Bedrohungen wachsam zu sein. Zum Beispiel wird die Farbe Rot verwendet, um auf verschiedene Arten Gefahr zu signalisieren. Wenn wir die Farbe Rot sehen, werden wir oft wachsam, auch unbewusst.

Menschen können aber auch ohne eine biologische Grundlage Dinge erlernen. Dieser Prozess wird als operante Konditionierung oder Lernen aus Erfahrung bezeichnet. Es müssen nicht einmal Ihre eigenen Erfahrungen sein, obwohl diese sicherlich der beste Lehrer sind! Sie können von Dingen lernen, die jemand anderes getan hat oder von Dingen, über die Sie gelesen haben. Das menschliche Gehirn verwendet Verknüpfungen, um sich selbst die Arbeit zu erleichtern. Diese verschiedenen Arten des Lernens und Konditionierens beeinflussen die Körpersprache.

Dies kann uns auch dabei helfen, unsere Gewohnheiten zu ändern. Wollen Sie eine bessere Körpersprache haben? Dann müssen Sie sie erlernen. Die beste Möglichkeit, um dies zu tun, besteht darin, dass Ihr Gehirn erkennt, dass die neuen Verhaltensweisen mit positiven Verstärkungen einhergehen. Doch zuerst müssen Sie verstehen, woher die Gewohnheit kommt, und dann können Sie die Kontrolle darüber übernehmen. Die Neuprogrammierung Ihrer Körpersprache muss konsequent durchgeführt werden, damit sie weiterhin besteht.

## Die verschiedenen Körperteile der Körpersprache

Unser Körper besitzt vier Hauptkommunikatoren, die anderen Menschen mitteilen, was wir wirklich fühlen, und zwar unabhängig davon, was wir sagen. Um sicherzustellen, dass Ihre Botschaft übermittelt wird, müssen Sie diese Aspekte der Körpersprache kontrollieren und sicherstellen, dass sie mit dem übereinstimmen, was Sie sagen möchten. Der erste Schritt zur Verbesserung Ihrer nonverbalen Kommunikation besteht darin, sich Ihres Körpers bewusst zu werden. Was sagt Ihr Körper jetzt aus und was soll er kommunizieren?

### 1. Ihr Kopf – es geht nicht nur allein um Ihr Gesicht!

Selbst Ihre Kopfhaut liefert Hinweise auf Ihren geistigen Zustand. Hatten Sie keine Zeit, sich die Haare zu bürsten? Dann werden Sie erschöpft aussehen. Wer eine Glatze hat, muss auf seine Augenbrauen achten, die stärker auffallen, wenn kein Haaransatz vorhanden ist. Augenbrauen können dazu genutzt werden, um sich auszudrücken, Sie müssen dies jedoch bewusst tun.

Winzige Bewegungen um Augen und Mund, sogenannte Mikroexpressionen, können Sie verraten. Die Mikroexpressionen können anderen Menschen mitteilen, ob Sie Angst haben oder ob Sie sie täuschen. Sie müssen lernen, wie Sie diese Mikroexpressionen steuern können, was glücklicherweise möglich ist.

Weder jemanden anzustarren noch Augenkontakt zu vermeiden ist höflich oder teilt einer Person auf freundliche Art und Weise mit, dass Sie an ihr interessiert sind. Es ist wichtig, das richtige Maß an Augenkontakt herzustellen.

Ihr Kinn und Ihr Hals liefern ebenfalls Hinweise. Wenn Sie Ihr Kinn herausstrecken, sehen Sie stur aus. Die meisten Menschen möchten ihre Körpersprache verbessern, damit sie sympathischer wirken, sich ihnen neue Möglichkeiten eröffnen und sie neue Freunde finden. Widerspenstig zu erscheinen führt jedoch nicht zu diesen Zielen!

Eine ausgeglichene Person steht mit geradem Hals da, lässt weder ihre Schultern hängen noch schaut sie zur Decke. Jede dieser Körperhaltungen sendet eine Nachricht von Desinteresse oder mangelnder Selbstsicherheit aus.

## 2. Oberkörper – inklusive Hände und Arme

Einige Botschaften der Körpersprache bedeuten unterschiedliche Dinge in unterschiedlichen Kontexten. Sie müssen sich dieser Tatsache bewusst sein, wenn Sie „kommunizieren", aber auch, wenn Sie andere Menschen lesen. Wenn Sie sich Mitgefühl erhoffen, lassen Sie Ihre Schultern ein wenig hängen. Doch wenn Sie Ihre Schultern immerzu hängen lassen, dann wird dies als Mangel an Selbstbewusstsein interpretiert. Eine Körpersprache mit geraden Schultern ist die Körperhaltung einer glücklichen, selbstbewussten Person.

Arme können sehr ausdrucksstark sein! Herumzappeln lässt Sie nervös oder gelangweilt aussehen. Ihre Arme sind fest vor Ihrem Oberkörper verschränkt? Dann wirken Sie wütend und defensiv. Wenn Sie die Hände in die Hüften stemmen, lässt Sie dies arrogant erscheinen. Doch diese Pose kann auch dazu führen, dass Sie sich sicherer fühlen, sodass Sie im Privatleben diese Pose nutzen können, wenn Sie einen kleinen Ego-Schub brauchen.

Wenn Sie sitzen, können Sie mit Ihren Händen am einfachsten eine neutrale Ausstrahlung erreichen, wenn Sie sie in Ihrem Schoß falten. Handflächen, die nach oben zeigen, weisen auf eine bittstellerische Position hin.

### 3. Beine – Sie sollten wissen, wie Sie sie nutzen

Wenn Sie im Sitzen die Beine überkreuzen, wirken Sie defensiv. Eine offene Haltung kann zwar einladend sein, Sie sollten die Beine jedoch nicht so weit öffnen, dass es vulgär wirkt! Und wenn Sie ein Mann sind, vermeiden Sie „Manspreading" und nehmen Sie nicht zu viel Platz in der Öffentlichkeit ein.

Frauen, die Röcke tragen, müssen vorsichtig sein, wie sie sitzen. Wenn Sie nervös sind und sich fragen, ob Ihr Rock zu kurz ist, werden dies bald auch alle anderen um Sie herum tun. Lösung: Tragen Sie keine zu kurzen Röcke, wenn Sie einen guten Eindruck hinterlassen möchten. Einen längeren Rock zu tragen ist einfacher, als sich ständig Sorgen darüber zu machen, ob Sie zu tiefe Einblicke gewähren.

Sind Sie im Allgemeinen nervös oder ängstlich? Dies drückt sich oft durch unruhige Beine aus (ob Sie das wollen oder nicht!). Das Überschlagen der Beine an den Knöcheln ist eine neutrale Position, genau wie die Hände in den Schoß zu legen (vorausgesetzt Ihre Kleidung ist angemessen lang).

### 4. Füße

Müssen Sie irgendwo hin? Dann trippeln Sie wahrscheinlich nervös mit Ihren Füßen, und das kann unhöflich wirken. Ein stetiger Gang lässt Sie selbstbewusst wirken. Auch wenn Sie sich nicht sehr sicher fühlen, können Sie sich dennoch so bewegen, als ob Sie es wären. Heben und senken Sie Ihre Füße in einem regelmäßigen Tempo, während Sie gehen.

Wenn Sie stolpern, schlurfen oder sich auf andere Weise nicht mit einer guten Körperhaltung bewegen, wirken Sie möglicherweise ängstlich oder sogar zwielichtig.

## Zusammenfassung des Kapitels

- Die Körpersprache lenkt von Ihrer verbalen Kommunikation ab oder unterstreicht diese, und zwar je nachdem, wie Sie sie einsetzen.
- Bewegungen werden durch das Gehirn über Nerven, Neuronen, Neurotransmitter und Hormone kontrolliert.
- Während einige unserer Bewegungen unbewusst geschehen, so laufen andere bewusst ab und wir können lernen, wie man diese kontrolliert.
- Neue Angewohnheiten, wie die der Körpersprache, lassen sich durch Erfahrung erlernen.
- Es gibt vier Bereiche des Körpers, die wichtig für die nonverbale Kommunikation sind: Kopf, Oberkörper, Beine und Füße.

Im nächsten Kapitel lernen Sie den grundlegenden Kommunikationsprozess, die Hindernisse dabei sowie die Art und Weise, wie die Körpersprache dazu beiträgt, kennen.

# KAPITEL 2

# Eine Botschaft übermitteln
# und empfangen

Der Kommunikationsprozess ist nicht ganz so einfach wie das Gespräch zwischen zwei Personen. Ungefähr drei Viertel der Zeit eines Mitarbeiters werden in zwischenmenschlichen Situationen am Arbeitsplatz verbracht und es kommt häufig zu Missverständnissen auf der einen Seite oder zu Fehlinterpretationen auf der anderen. Stellen Sie sich vor, welche Nachrichtenmenge in jedem Gespräch verloren geht! Und wenn 75 % des Arbeitslebens auf diese Weise verbracht werden, wie viel Zeit und Produktivität gehen dann verloren?

Eine Person muss sich entscheiden, welche Botschaft sie vermitteln möchte. Dann wählt sie die Wörter, den Ton und die Art, wie sie sich ausdrückt. Dies kann klar und eindeutig gemacht werden oder nicht.

Einige dieser Entscheidungen laufen auch nicht immer ganz bewusst ab. Wollten Sie schon einmal etwas sagen, doch am Ende war die Botschaft, die aus Ihrem Mund herauskam, eine ganz andere?

Nachrichten sind normalerweise auch mit den Emotionen, der Stimmungslage und den Gefühlen des Sprechers in Bezug auf die Unterhaltung und den darin beteiligten Personen aufgeladen. Der Sprecher ist möglicherweise immer noch wütend über ein Ereignis, das vorher stattgefunden hat, was dazu führt, dass sich der Gesprächsverlauf völlig anders entwickelt.

Der Empfänger muss während der Unterhaltung die Nachricht entschlüsseln – nicht nur die Wörter, sondern auch den Kontext, den Tonfall, die Gesten und die Ausdrücke. Infolgedessen unterscheidet sich die Interpretation manchmal erheblich von der Absicht des Sprechers! Der Hörer kann auf widersprüchliche Emotionen und Gefühle schließen oder die Wörter aus einer anderen Perspektive betrachten. Ein Empfänger wird auch von seiner eigenen Stimmung und seinen eigenen Emotionen beeinflusst, die sowohl mit dem jeweiligen Gespräch zusammenhängen können als auch nicht.

Das Senden und Empfangen von Nachrichten läuft auch nicht nur zwischen einzelnen Personen ab. Wir kommunizieren ebenfalls mit einer Gruppe von Menschen oder einem Publikum. Die Personen im Publikum oder in der Gruppe können unterschiedlich interpretieren, was der Sprecher gesagt hat.

Es gibt eine Bürgermeisterin in einer amerikanischen Stadt, die oft sehr schnell auf die Fragen ihrer Wähler mit „Verstehe" antwortet. Dieses Wort kann verschiedene Dinge bedeuten, von daher ist die Absicht dieser Bürgermeisterin manchmal nicht klar. Je nach ihrem normalen Sprechtempo könnte dies als abweisend oder einfach als ihre Art zu sprechen gedeutet werden (wie sich herausstellte, ist sie eine schnelle Rednerin).

Meint sie damit „Verstehe, ich bin keine Idiotin, Sie Dummkopf, und nun hören Sie auf zu reden"? Oder „Verstehe, ich verstehe, was Sie sagen, ich gehe nun in mein Büro und arbeite daran"? Oder „Verstehe, keine weiteren Erklärungen nötig, hören Sie auf zu reden"? Oder „Verstehe, das ist ein Thema, das schon mehrmals angesprochen wurde, aber wir konnten darauf noch keine Antwort finden"?

Wenn Sie sich verärgert oder missverstanden fühlen, dann könnte es sein, dass Sie denken, dass die Bürgermeisterin Ersteres meinte. Wenn Sie sie respektieren und wissen, dass sie hart für die Menschen in Ihrer Stadt arbeitet, dann interpretieren Sie Ihre Botschaft vermutlich wie im letzten Beispiel. Wenn Sie erst einmal die Grundlagen der Körpersprache (welche in Kapitel 3 erklärt werden) verstanden haben, dann werden Sie dazu in der Lage sein, die nonverbale Kommunikation der Bürgermeisterin mit dem, was sie sagt, zu kombinieren.

Mit anderen Worten: Es passiert sehr leicht, dass man Dinge missversteht. Es kann passieren, dass eine Nachricht nicht so empfangen wird, wie sie ausgesendet wurde, oder dass sie überhaupt nicht empfangen wird. Zum Beispiel hätte die Bürgermeisterin „Verstehe" sagen können, weil sie das Problem kennt und ihre Mitarbeiter bereits daran arbeiten. Oder Sie können Ihre Aussage auch so interpretieren: „Halten Sie den Mund, Sie Dummkopf!"

Nonverbale Hinweise können dem Empfänger dabei helfen, die Nachricht zu entschlüsseln oder zu einer völlig anderen Schlussfolgerung führen. Deshalb ist es wichtig, sich dessen bewusst zu sein, was Sie verbal und nonverbal sagen, um Ihre beabsichtigte Botschaft zu vermitteln. Achten Sie ebenfalls auf die Bedeutung der empfangenen Signale, damit Sie genauer verstehen, was andere Menschen Ihnen mitteilen möchten.

## Kommunikationshindernisse

Wenn Menschen miteinander sprechen, gibt es mehrere Hindernisse, die eine erfolgreiche Botschaft überwinden muss, insbesondere wenn sich die Personen nicht sehr gut kennen. Viele dieser Schwierigkeiten können auch innerhalb einer Kultur auftreten. Das heißt, jemand, der in Südlondon aufgewachsen ist, kann eine andere Person, die ebenfalls aus Südlondon stammt, völlig missverstehen, obwohl sie dieselbe Kultur teilen. Von daher können Sie nicht davon ausgehen, dass die Person, die Ihnen zuhört, versteht, was Sie sagen, nur weil Sie eine ähnliche Erziehung genossen haben.

### 1. Sprache

Keine zwei Menschen erleben Wörter auf die gleiche Weise. Wenn beispielsweise jemand von „der Farbe Rot" spricht, haben Personen, die dieser Person zuhören, eindeutige Bilder für „Rot" im Sinn. Für manche Menschen kann dies ein warmes

Rot sein, für andere eher ein Blaurot. Die Farbe Rot kann also von Person zu Person heller oder dunkler sein.

In Bezug auf Sprache gibt es viel Raum für Interpretationen und keine Garantie dafür, dass der Empfänger die Wörter auch so interpretiert, wie der Absender sie beabsichtigt hat. Ein Sprecher könnte versuchen, so anschaulich wie möglich zu sprechen und zum Beispiel sagen „so rot wie ein Feuerwehrauto". Dann wird jede Person, in deren Stadt die Feuerwehrleute Feuerwehrautos fahren, wahrscheinlich eine Farbe im Sinn haben, die der beabsichtigten Farbe des Sprechers recht nahekommt. Aber diejenigen, die aus Regionen stammen, wo die Feuerwehrautos gelb, weiß oder andersfarbig sind, werden diese Beschreibung nicht verstehen.

## 2. Wahrnehmungsvoreingenommenheit

Wir sind sehr beschäftigt! Ständig prasseln viele Informationen auf uns ein, die wir filtern und bewerten müssen. Von daher verwendet unser Gehirn Verknüpfungen oder Faustregeln für diese vielen Informationen, um den Arbeitsaufwand zu reduzieren.

Hier kommen nun Stereotypen, sich selbst erfüllende Prophezeiungen und Projektionen zum Tragen. Zum Beispiel könnte es sein, dass Sie das Stereotyp verwenden, dass Frauen nicht an Naturwissenschaften interessiert sind. Wenn Sie mit einer Frau über ein naturwissenschaftliches Thema sprechen, gehen Sie also davon aus, dass sie nichts darüber weiß. Möglicherweise erklären Sie ihr also etwas, das sie bereits kennt, insbesondere wenn die betreffende Frau in einem naturwissenschaftlichen Berufsfeld arbeitet.

## 3. Beziehungen

Eine Erfahrung aus der Vergangenheit mit einer Person beeinflusst, wie Sie diese Person interpretieren. Wenn sie sich beim ersten Treffen als arrogant erwiesen hat, werden Sie sie beim nächsten Mal wohl auch als arrogant interpretieren, auch wenn sie sich in dem Moment nicht überheblich verhält. Wenn Sie die Person für unehrlich oder nicht vertrauenswürdig halten, empfangen Sie ihre Nachricht wahrscheinlich nicht so, wie das die Person beabsichtigt hatte. Wir sind eher dazu bereit, jemandem einen Vertrauensbonus zu geben, von dem wir glauben, dass er uns in der Vergangenheit gut behandelt hat.

In der Arbeitswelt schaffen Unterschiede in der Hierarchie ebenfalls Barrieren. Es kann sein, dass ein Mitarbeiter seinen Chef, der „Verstehe" sagt, ganz anders interpretiert als seinen Kollegen, der dasselbe sagt. Die sprechende Person geht davon aus, dass ihre Zuhörer dieselben Annahmen haben wie sie, was bei einer großen, vielfältigen Belegschaft wahrscheinlich nicht der Fall ist.

## 4. Kulturelle Unterschiede

Wenn Sie mit jemandem mit einem anderen kulturellen Hintergrund sprechen, dann kann es sehr leicht passieren, dass die Nachricht falsch bei Ihrem Gegenüber ankommt, insbesondere wenn Ihnen die andere Kultur unbekannt ist. Es gibt zahlreiche Gesten, die in einer Kultur höflich sind und in einer anderen nicht oder natürlich auch umgekehrt.

Diese Unterschiede umfassen Wahrnehmungen in Bezug auf Privatsphäre, Zeit und persönliche Distanz/Diskretionsabstand. Einige Kulturen neigen dazu, Pünktlichkeit als Tugend und Verspätung als Zeichen von Respektlosigkeit zu betrachten. Andere Kulturen legen möglicherweise mehr Wert auf Beziehungen und akzeptieren Verspätungen bei einer höhergestellten Funktion.

Einige Kulturen, insbesondere solche mit europäischem Ursprung, erfordern eine größere Distanz zwischen zwei Personen, die interagieren (persönliche Distanz/Diskretionsabstand). In anderen Kulturen nähert man sich möglicherweise viel stärker an, und zwar nicht, um die Privatsphäre zu verletzen, sondern weil die Menschen es gewohnt sind, einen geringen Abstand zueinander zu halten, wenn sie miteinander sprechen.

## Nonverbale Kommunikation

Bis zu 90 % der Kommunikation zwischen Menschen ist nonverbal. Leider sind die verbalen und nonverbalen Botschaften oft unterschiedlich. Der Empfänger muss herausfinden, welche Botschaft wahrscheinlicher ist, zusätzlich zur Interpretation der tatsächlich verwendeten Wörter. Die meisten Menschen gehen davon aus, dass die Körpersprache die wahre Sprache ist und eher das widerspiegelt, was der Sprecher fühlt, als die verbale Sprache.

Es fällt jedem schwer, einer anderen Person zu vertrauen oder einen Vertrauensvorschuss zu geben, die widersprüchliche Botschaften aussendet. Der Unterschied zwischen dem, was eine Person mit Worten aussagt, und dem, was sie mit ihrem Körper signalisiert, legt nahe, dass diese Person etwas zu verbergen hat. Auch die Botschaft selbst wird dadurch verfälscht. Doch auch wenn der Sprecher nichts zu verbergen hat, weiß das Publikum immer noch nicht, was seine Botschaft bedeuten soll. Die Übermittlung einer klaren Nachricht, die Sie senden möchten, hängt von der Körpersprache ab, die die Sprache unterstützt.

Die nonverbale Kommunikation besteht aus vier Komponenten: visuell, taktil, vokal und räumlich.

Zu den visuellen Hinweisen gehören Gesichtsausdrücke, Körperhaltung und Gesten. Diese sind für den Menschen in Bezug auf die Kommunikation sehr wichtig. Wir Menschen haben uns so entwickelt, dass wir von den Gesichtern anderer Menschen angezogen werden. Emotionen werden weniger verbal ausgedrückt, sondern eher durch unsere Mimik und andere körpersprachliche Signale demonstriert. Dies liegt daran, dass sich die menschliche Sprache erst später in der Evolutionsgeschichte entwickelt hat als Emotionen!

Unsere Körperhaltung weist auf unsere Stimmungslage und Emotionen hin. Im Gegensatz zu anderen nonverbalen Signalen ist unsere Körperhaltung in allen Kulturen und Ethnien ziemlich ähnlich. Eine feste Körperhaltung mit hochgezogenen Schultern und einem festen Blick weist auf Selbstsicherheit hin. Herabhängende Schultern, ein Blick, der sich zum Boden richtet, sowie Hände, die den Schritt bedecken („Feigenblatt"-Position) lassen darauf schließen, dass es sich hierbei nicht um eine glückliche oder selbstbewusste Person handelt. Die tatsächliche Stimmung kann dabei von defensiv über nervös bis sogar zu betrügerisch reichen.

Gesten sind der Schlüssel zur Kommunikation. Sie können Ihre Hände verwenden, um einen Punkt hervorzuheben, über den Sie gerade sprechen, oder Ihre Handflächen nach oben drehen, um zu zeigen, dass Sie sich bei einer Sache nicht sicher sind. Bestimmte Gesten können jedoch sehr leicht falsch interpretiert werden, da so viele von ihnen in unterschiedlichen Kulturen unterschiedliche Bedeutungen haben.

Eine andere Person zu berühren, wie eine Hand auf ihren Arm zu legen oder sie zu umarmen, ist der taktile Aspekt. Diese taktilen Komponenten der nonverbalen Kommunikation werden oft verwendet, um Interesse oder Fürsorge für eine Person zu signalisieren. Charismatische Menschen tun dies sehr oft (weitere Informationen zur charismatischen Körpersprache finden Sie in Kapitel 5). Ein Händedruck ist ebenfalls eine taktile Komponente und ein fester Händedruck zeigt sowohl Selbstsicherheit als auch Herzlichkeit gegenüber der anderen Person an. Ein quetschender oder schlaffer Händedruck sendet hingegen negative Signale aus.

Der vokale Aspekt der Körpersprache liegt nicht in den verwendeten Wörtern oder der verwendeten Sprache, sondern in der Intonation und Geschwindigkeit Ihrer Sprache. Stellen Sie sich vor, Sie sagen zu Ihrem Teamkollegen „Verstehe", wenn Sie miteinander Fußball spielen. Bei einer anderen Gelegenheit sagen Sie „Verstehe" zu Ihrem Kollegen, wenn er über einer Tabelle brütet, die Sie sich gerade zusammen ansehen. Und bei einer dritten Gelegenheit sagen Sie „Verstehe" zu Ihrem Vorgesetzten, der Ihnen gerade erklärt hat, warum Sie eine Zelle in dieser Tabelle ändern müssen.

Denken Sie, dass Sie in jeder dieser drei Situationen mit derselben Stimmlage „Verstehe" sagen würden? Natürlich nicht. Wenn Sie dieselbe Tonlage bei Ihrem Chef anwenden wie bei Ihrem Kollegen, dann könnte es passieren, dass Sie gefeuert werden! Sie haben mit Sicherheit auch Ihre Sprechgeschwindigkeit angepasst. Auch haben Sie das Wort „Verstehe" eher schnell und abweisend zu Ihrem Kollegen gesagt und langsamer zu Ihrem Chef, um ihm zu zeigen, dass Sie verstanden haben, was er Ihnen sagen wollte.

Der vokale Aspekt kann ebenfalls in unterschiedlichen Kulturen missinterpretiert werden. Was unterstützend in einer Kultur klingt, kann in einer anderen Kultur ziemlich unhöflich sein. Auch werden einige Sprachen viel schneller als andere gesprochen.

Die räumliche Komponente der Körpersprache umfasst Zeit, Raum und Bild. Wenn Sie zu früh oder zu spät zu einem Meeting kommen, sendet dies häufig eine bestimmte Nachricht aus. Eine verspätete Ankunft kann Dominanz, Abneigung oder Desinteresse signalisieren. Auf der anderen Seite kommt jemand, der entweder an dem diskutierten Thema oder an seiner Karriereleiter interessiert ist, normalerweise zu früh zu einem Meeting.

Das Verletzen des Diskretionsabstands einer Person ist ebenfalls ein nonverbaler Hinweis. Dadurch fühlen sich die Menschen unwohl, möglicherweise sogar bedroht. Dies ist jedoch von Kultur zu Kultur sehr unterschiedlich. Amerikaner haben zum Beispiel einen viel größeren Diskretionsabstand als viele Menschen aus anderen Kulturen. Menschen aus den USA benötigen ungefähr 60 Zentimeter Abstand von ihren engsten Freunden und 60-120 Zentimeter bei nicht so engen Freunden. Bei Fremden ist dieser Diskretionsabstand sogar noch größer. Aufgrund dieses großen

Diskretionsabstands berühren Amerikaner ihre Mitmenschen auch seltener als Menschen aus anderen Kulturen.

Menschen kommunizieren auch mit Gegenständen, Kleidung oder anderen Aspekten des Aussehens. Oft signalisieren „Dinge" unsere Werte. Jemand, der eine teure Designerhandtasche trägt, scheint Luxus zu schätzen. Diese Hinweise können jedoch auch falsch interpretiert werden. Denken Sie also daran, den Kontext zu berücksichtigen. Wenn diese Person ansonsten ein normales Standardauto fährt und keine Designerkleidung trägt, dann hat diese Person die Tasche möglicherweise als Geschenk erhalten oder im Schlussverkauf ergattert, weil sie die Tasche schön fand.

## Die fünf Rollen der nonverbalen Sprache

Sie wissen jetzt, dass ein Großteil der Botschaft einer Person durch verschiedene Ausdrücke kommuniziert wird, die nicht in Worten ausgedrückt werden. Die Körpersprache kann bei der verbalen Kommunikation unterschiedliche Rollen spielen und sie entweder verstärken oder beeinträchtigen.

### 1. Wiederholung

Die Körpersprache kann die Botschaft der Sprache wiederholen. Wenn ein Freund zu Ihnen sagt „Ich bin so glücklich!", dann kann es sein, dass er lächelt oder Sie vielleicht sogar umarmt. Diese Person wird aufrecht vor Ihnen stehen und Sie direkt ansehen.

### 2. Widerspruch

Die nonverbalen Hinweise können auch das Gegenteil von dem bedeuten, was eine Person sagt. In diesem Fall erhält der Empfänger eine widersprüchliche Botschaft. Sie müssen herausfinden, ob die Worte oder aber die Körpersprache die Wahrheit sagen. Ihr Freund sagt zu Ihnen: „Ich bin so glücklich!" Doch er lächelt nicht, sein Blick ist auf den Boden gerichtet und er hat die Arme vor der Brust verschränkt.

Die Worte Ihres Freundes stimmen in diesem Fall überhaupt nicht mit seiner Körpersprache überein. Woran würden Sie glauben, an seine Worte oder an seine Körpersprache? Ist Ihr Freund nun also unglücklich oder glücklich? Die meisten Menschen würden auf unglücklich tippen oder, anders ausgedrückt, der Körpersprache glauben. Und damit hätten sie wahrscheinlich recht!

### 3. Ersatz

Vielleicht müssen die Wörter ja auch überhaupt nicht gesagt werden. Stellen Sie sich vor, jemand rollt mit den Augen. Benötigt diese Person dazu Worte? Dieses besondere Signal scheint auch kulturübergreifend ziemlich ähnlich zu sein.

Oder Sie haben sich gerade verlobt und treffen sich mit einem Freund. Sie zeigen ihm Ihren Ring und lächeln. Es besteht kein Grund, die Worte „Ich bin verlobt!" zu sagen, es sei denn, dass Sie Ihre gute Nachricht unbedingt auch verbal ausdrücken möchten.

### 4. Ergänzung

Die Körpersprache kann die verbale Sprache ergänzen. Sie können jemanden verbal in einem Meeting loben und ihm dann später zur Anerkennung auf den Rücken klopfen. Hierbei handelt es sich nicht zu 100 % um eine Wiederholung, da ein Klopfen auf den Rücken nicht unbedingt mit einem Lob gleichzusetzen ist. Es handelt sich jedoch augenscheinlich um eine positive Geste, mit der Sie Ihre Worte ergänzen.

### 5. Akzentuierung

Die nonverbale Sprache kann eine Sache unterstreichen, die der Sprechende hervorheben möchte. Eine leidenschaftliche Person könnte beispielsweise auf den Tisch schlagen. Oder, wenn Sie wütend auf das sind, was der Sprechende sagt, können Sie einen Schuh nach ihm werfen, während Sie ihn anschreien.

Wenn Sie versuchen, die enorme Gewinnsteigerung zu demonstrieren, die Ihr Produkt in den letzten Monaten erzielt hat, können Sie Ihre Hand nach oben strecken.

Beobachten Sie als Übung eine sprechende Person bei Ihrem nächsten Treffen, egal ob es sich um ein formelles Treffen oder ein Mittagessen mit Freunden handelt. Achten Sie darauf, ob Sie erkennen können, was die Gesten des Sprechenden bedeuten. Akzentuiert er die Wörter? Lenkt er davon ab? Diese Übung wird Ihnen dabei helfen, Ihr Bewusstsein für die Körpersprache und deren Verwendung in Bezug auf die Kommunikation zu stärken.

## Warum sind nonverbale Hinweise so wichtig?

Wenn Sie andere Menschen beeinflussen, bessere Beziehungen aufbauen und erfolgreicher sein möchten, dann müssen die Menschen Ihnen vertrauen. Menschen machen Geschäfte mit Personen, die sie mögen und denen sie vertrauen. Und wie oben erwähnt, wirken Sie so, als hätten Sie etwas zu verbergen, wenn die verbale Nachricht nicht mit den nonverbalen Hinweisen übereinstimmt. Niemand vertraut einer Person, die einen Teil von sich selbst geheim zu halten scheint.

Die meisten Menschen, die mit einem Konflikt zwischen den beiden Botschaften konfrontiert sind, gehen davon aus, dass der nonverbale Hinweis der echte ist. Senden Sie bewusst widersprüchliche Signale aus? Sagen Sie eine Sache, meinen jedoch eine andere? Wenn Sie nicht darauf achten, was Ihre Körpersprache aussagt, dann wissen Sie nicht, ob Sie (mit Ihrem Körper) das aussagen, was Sie auszusagen glauben oder zu sagen beabsichtigen. Außerdem ist Ihnen möglicherweise nicht bewusst, wie andere Personen auf Sie reagieren. Wenn das, was Sie verbal ausdrücken, mit dem übereinstimmt, was Ihre Körpersprache signalisiert, dann werden Sie effektiver.

Haben Sie schon einmal erlebt, dass Sie etwas in einem Café bestellen wollten, Ihnen aber plötzlich komplett die Worte fehlten? Wusste der Café-Mitarbeiter dann trotzdem, was Sie sagen wollten? Dann können Sie sich bei Ihrer Körpersprache bedanken!

Es ist ebenfalls wichtig, dass Sie verstehen, was andere Menschen alles versuchen, um mit Ihnen zu kommunizieren. Wenn Sie dazu neigen, sehr viel zu reden, dann werden die Leute Ihnen unter Umständen signalisieren, dass Sie zum Schluss kommen sollen: Ihr Publikum wird den Blick schweifen lassen, mit den Füßen klopfen, gähnen usw. Wenn Sie sich dieser Ausdrücke und ihrer Bedeutung bewusst sind, können Sie ein besserer Gesprächspartner sein! Und zudem werden die Menschen Sie weniger langweilig finden, wenn Sie erkennen, dass Sie Ihr Publikum verlieren und sich dementsprechend anpassen können.

Selbst wenn Sie die Sprache nicht zu 100 % verstehen, so können Sie dennoch die Körpersprache einer Person lesen, um herauszufinden, was diese Ihnen zu sagen versucht. Wenn sie unterstreicht, was sie sagt, indem sie einen Schuh nach Ihnen wirft oder auf den Tisch schlägt, dann werden Sie wissen, dass diese Person eine Leidenschaft für das hat, worüber sie spricht!

Im Gegensatz dazu sind Sie möglicherweise auch gewarnt, wenn eine Person nicht vertrauenswürdig erscheint. Eine solche Person drückt eine Sache verbal aus und sagt jedoch etwas völlig anderes mit ihrem Körper. Dieser Person ist das möglicherweise nicht bewusst, Sie müssen dennoch herausfinden, welche der beiden Nachrichten die wahre ist. Denn wenn diese Person betrügerische Absichten hat, müssen Sie dies herausfinden, bevor Sie sich dazu entscheiden, mit ihr Geschäfte zu machen!

## Zusammenfassung des Kapitels

- Leider ist der Kommunikationsprozess nicht so einfach, dass wir einfach Wörter in einem kohärenten Rahmen zusammensetzen können und diese dann von einer anderen Person gehört und verstanden werden!
- Sowohl die verbale als auch die nonverbale Sprache kann aufgrund einer Vielzahl von Faktoren falsch interpretiert werden, darunter Kultur, Arbeitshierarchie, und frühere Begegnungen mit dem/den Zuhörer(n).
- Die nonverbale Kommunikation umfasst Berührungen, visuelle Hinweise wie Gesichts- und Körperausdrücke, Tonfall sowie Zeit und persönliche Distanzzone (Komfortzone).
- Die Körpersprache kann die verbale Sprache verbessern, indem sie diese wiederholt, ergänzt oder akzentuiert. Sie kann aber auch die verbale Sprache beeinträchtigen, wenn das, was der Körper sagt, nicht mit dem übereinstimmt, was durch Worte ausgesagt wird.

Nun da Sie die Bedeutung der Körpersprache kennen, erfahren Sie im dritten Kapitel, wie Sie Ihr neu erlangtes Wissen praktisch anwenden können.

# KAPITEL 3

# Was bedeutet es, wenn Ihr Körper spricht?

Es gibt viele Signale, die Ihnen eine andere Person auf nonverbale Art und Weise senden kann. Dabei sind einige Signale offensichtlicher als andere. Wenn Sie sich nicht sicher sind, ob Sie die Körpersprache anderer Menschen korrekt lesen können, dann machen Sie es sich leicht und werfen Sie einen Blick auf das Gesamtbild. Verbringen Sie nicht zu viel Zeit damit, nach kleinen Signalen zu suchen, sodass Sie verpassen, was diese Menschen Ihnen tatsächlich sagen wollen! Lesen Sie die großen Gesten, nicht die kleinen. Solange Sie den großen Gesten Aufmerksamkeit schenken, werden Sie wissen, ob Ihr Publikum gelangweilt oder interessiert ist.

Haben Sie schon einmal mit einer Sache begonnen, dann darüber nachgedacht und schließlich komplett den Faden verloren? Das kommt ziemlich häufig vor. Tänzer verfügen beispielsweise über etwas, das man als Muskelgedächtnis bezeichnet. Tanz-Anfänger stellen oftmals fest, dass sie die Schritte automatisch ausüben. Sobald sie jedoch über die Schritte nachdenken, scheinen sich ihre Füße zu verheddern. Hierbei handelt es sich um das „Gesetz der umgekehrten Wirkung". Es tritt dann auf, wenn Sie versuchen, Ihr Bewusstsein dazu zu zwingen, etwas zu tun, um das sich normalerweise Ihr Unterbewusstsein kümmert.

Die kleinen Signale der Körpersprache einer anderen Person werden von Ihrem Unterbewusstsein entschlüsselt. Sobald Sie anfangen, darüber nachzudenken und nach ihnen zu suchen, werden Sie überall kleine Zeichen sehen und ein harmloses Zucken mit einem subtilen Zeichen verwechseln.

Lassen Sie Ihr Unterbewusstsein die Einzelheiten regeln. Einige der im vorherigen Kapitel behandelten Nerven befinden sich nämlich tatsächlich in Ihrem Verdauungssystem. Also stimmt es, dass es so etwas wie das Bauchgefühl tatsächlich gibt!

## Wie Sie sich darauf vorbereiten, die Körpersprache zu lesen

Denken Sie nicht zu viel nach! Glücklicherweise müssen Sie nicht zu analytisch vorgehen, um solide Kenntnisse in Bezug auf die Körpersprache und der Interpretation von Nachrichten zu erlangen. Betrachten Sie das Gesamtbild und suchen Sie nach den offensichtlichen Signalen: Lächeln (oder kein Lächeln) oder die Positionierung von Armen, Beinen und Händen. Mit nur einem Blick erhalten Sie die Informationen, nach denen Sie suchen. Das schnelle Lesen der offensichtlichen Hinweise reicht oft aus, um an Ihr Ziel zu gelangen.

Es ist hilfreich, entspannt zu sein, wenn Sie versuchen, andere Personen zu lesen. Doch auch wenn Sie nervös und angespannt ist, müssen Sie ruhig und kontrolliert vorgehen. Mit anderen Worten ausgedrückt: Lernen Sie sich in unangenehmen Situationen wohl zu fühlen. Achtsame Atem- und Entspannungstechniken können Ihnen dabei helfen, diese geistige Haltung zu erreichen. Lange Meditationssitzungen sind jedoch dazu nicht erforderlich (was gut ist, weil Sie nicht immer Zeit dafür haben!).

Wenn Sie sich bedroht oder ängstlich fühlen, dann werden die Hormone und Neurotransmitter, über die wir im ersten Kapitel gesprochen haben, aktiv. Um einen erhöhten Herzschlag und andere Auswirkungen Ihrer Kampf-oder-Flucht-Reaktion zu vermeiden, können Sie eine einfache Atemtechnik ausprobieren. Atmen Sie 3 Sekunden lang ein, halten Sie 3 Sekunden lang inne und atmen Sie 3 Sekunden lang aus. Wiederholen Sie diese Übung 3 Mal. Eine weitere Möglichkeit zur Selbstentspannung ist die Box-Atem-Methode. Atmen Sie 3 bis 4 Sekunden lang ein, halten Sie 3 bis 4 Sekunden lang inne, atmen Sie 3 bis 4 Sekunden lang aus, halten Sie wieder 3 bis 4 Sekunden lang inne und so weiter.

Atem-Entspannungstechniken sind besonders hilfreich, wenn Sie sich in der Öffentlichkeit befinden. Andere Menschen werden es vermutlich nicht bemerken, dass Sie sie ausführen. Sie können diese Übungen auch hinter der Bühne machen, bevor Sie Ihre Power-Pose ausführen, um sich selbstbewusster zu fühlen. (Ich werde in einem der nächsten Kapitel über Power-Posen sprechen. Es ist in vielen Situationen sehr wichtig, selbstbewusst zu wirken, und zwar egal, ob Sie es wirklich sind oder nicht.)

Achten Sie darauf, dass Ihnen Ihre Emotionen nicht in die Quere kommen, wenn Sie andere Menschen lesen! Wenn Sie sich gestresst, gelangweilt oder defensiv fühlen, kann dies Ihre Denkweise beeinflussen. In einer solchen Situation kann es passieren, dass Sie sich nicht so ausdrücken können, wie Sie es wollen, oder dass Sie das, was eine Person zu Ihnen sagt, nicht auf die Art und Weise interpretieren können, wie es beabsichtigt war. Zudem kann es vorkommen, dass Ihr Gegenüber dies bemerkt und ebenfalls seine eigene Ausdrucksweise ändert.

## Der Kontext ist wichtig

Wenn Sie andere Menschen lesen, sollten Sie immer daran denken, dass man die Körpersprache immer in den richtigen Kontext bringen muss. Zum Beispiel hatte ich bereits erwähnt, dass fest vor dem Oberkörper verschränkte Arme Wut oder eine Verteidigungshaltung signalisieren können. Dieses Verhalten kann man jedoch auch oft bei Menschen beobachten, denen kalt ist. Wenn Sie sich in einem Iglu befinden und sich mit einer Person unterhalten, dann muss diese nicht unbedingt wütend oder defensiv sein. Vielleicht ist ihr einfach nur kalt!

Sie sollten ebenfalls den Körperbau einer Person in Betracht ziehen. Es kann sein, dass eine Person nicht aufgrund eines bestimmten Gefühls ihre Schultern hängen lässt, sondern weil sie Rückenschmerzen hat oder weil dies einfach nur ihre natürliche Körperhaltung ist. Nicht mit seinem Gegenüber Augenkontakt halten zu können ist nicht unbedingt ein Anzeichen dafür, dass eine Person lügt, vor allem wenn jemand eine Sozialphobie hat. Vielleicht findet diese Person Augenkontakt zu halten sehr unangenehm, sodass es nichts mit der Unterhaltung zu tun hat. Oftmals haben Personen, die Arthritis in den Händen haben, keinen festen Händedruck.

Im Gegensatz dazu benötigen andere Menschen möglicherweise einen sanften Schubs, um sich aus ihrer Komfortzone zu befreien. Wenn es sich um Menschen handelt, die stets ein Pokerface bewahren, dann müssen Sie solche Zeitgenossen überraschen, damit Sie deren Schutzwall durchbrechen können. Menschen, die schüchtern sind und sich defensiv fühlen, tragen oftmals einen Gegenstand wie ein Notizbuch mit sich herum, den sie als Schutzschild vor ihren Körper halten. Sie können solchen Menschen einen Drink anbieten, sie darum bitten, etwas zu halten, oder eine andere Aktion vorschlagen, damit sie sich entspannen.

Abgesehen davon gibt es weitaus offensichtlichere Signale, die Sie ziemlich schnell erfassen können. Sie können nach diesen Signalen Ausschau halten, ohne merkwürdig zu wirken, und verstehen, was sie bedeuten. Solche Signale sind in verschiedenen Kulturen und Regionen der Welt weit verbreitet und helfen Ihnen dabei, die tatsächliche Botschaft der anderen Person herauszufinden.

# Acht häufig vorkommende Körpersprache-Codes, die Sie entschlüsseln können

### 1. Augen

Wussten Sie, dass Menschen normalerweise nach links oben schauen, wenn sie sich an etwas erinnern? Und ganz nach oben gen Himmel, wenn sie ihre Fantasie einsetzen? Wenn die andere Person nach rechts schaut, könnte es sein, dass sie lügt. Manchmal bedeutet zu starkes Zwinkern auch, dass diese Person betrügerische Absichten hat. Und wenn sie Ihnen nicht in die Augen, sondern zur Seite schaut, dann kann dies ebenfalls darauf hinweisen, dass diese Person Ihnen nicht die Wahrheit sagt.

Dem Gegenüber nicht in die Augen zu schauen kann auch Langeweile bedeuten. Wenn eine Person während des Gesprächs nach unten blickt, dann könnte dies bedeuten, dass sie nervös oder unterwürfig ist.

Denken Sie an das letzte Mal, als Sie mit jemandem gesprochen haben, der nicht viel Augenkontakt mit Ihnen hielt. Was für einen Eindruck hatten Sie dabei? Wahrscheinlich waren Sie nicht der Meinung, dass diese Person selbstbewusst war oder sich darüber gefreut hat, mit Ihnen zu sprechen!

Eine Person, die sich tatsächlich mit Ihnen unterhalten möchte, hat möglicherweise aufgrund der chemischen Botenstoffe, die die Aufmerksamkeit fördern, erweiterte Pupillen. Dies ist etwas schwerer zu erkennen als andere Hinweise! Verbringen Sie jedoch nicht zu viel Zeit damit, Ihrem Gegenüber in die Augen zu schauen, um festzustellen, ob seine Pupillen größer werden oder nicht. Achten Sie stattdessen auf andere Signale, die Ihr Gegenüber aussendet.

## 2. Gesicht

Die Augen mögen das Fenster zur Seele sein, doch das Lächeln ist ein Anzeichen für die Stimmungslage. Lächelt Ihr Gegenüber? Ist es ein ehrliches Lächeln? Wenn ja, dann handelt es sich um einen glücklichen Menschen, der sich mit Ihnen unterhält. Ein Lächeln in Kombination mit geringfügig hochgezogenen Augenbrauen bedeutet, dass die Person gute Laune hat und sich auf das Gespräch mit Ihnen freut.

Ein verkniffenes oder halbes Lächeln signalisiert jedoch genau das Gegenteil. Es kann sein, dass Ihr Gegenüber gelangweilt, unsicher, verwirrt oder etwas anderes ist, jedoch auf keinen Fall glücklich und interessiert. Denken Sie immer daran, dass die Stimmung oder diese negativen Signale nicht unbedingt etwas mit Ihnen persönlich zu tun haben müssen. Nehmen Sie es also nicht persönlich, wenn Sie im Gesicht Ihres Gesprächspartners ein falsches oder verkniffenes Lächeln bemerken.

Kneift Ihr Gesprächspartner die Lippen fest zusammen? Dann handelt es sich ebenfalls nicht um einen glücklichen Menschen. Entspannte Gesichtszüge weisen auf eine positive Stimmungslage hin. Tatsächlich sind entspannte Gesichtszüge und -muskeln im Allgemeinen positive Signale. Denken Sie daran, was Sie tun, wenn Sie gestresst sind. Verkrampft Ihr Unterkiefer? Knirschen Sie mit den Zähnen? Haben Sie verspannte Schultern, die Sie nach oben ziehen? Die meisten Menschen reagieren nicht auf Stress, indem sie sich entspannen. Sie reagieren auf Stress, indem sie sich verkrampfen und verspannen.

Wenn Ihr Gesprächspartner seinen Mund berührt oder diesen bedeckt, während er spricht, dann kann es sehr gut möglich sein, dass Sie angelogen werden. In diesem Fall macht sich das Unterbewusstsein bemerkbar, das versucht, keine falschen Aussagen zu machen (oder die Person isst gerade und möchte nicht, dass sie aus Versehen Essen auf Sie spuckt. Kontext!)

### 3. Körperliche Nähe

Dieser spezielle Hinweis wird, wie in Kapitel 1 erwähnt, mit Sicherheit von der Kultur beeinflusst. Unterschiedliche Kulturen haben unterschiedliche soziale Richtlinien.

Vorbehaltlich dieser Einschränkung kommen Menschen, die sich mit Ihnen beschäftigen möchten oder positiv über Sie denken, Ihnen näher. Wenn Sie mit guten Freunden zusammen sind, neigen Sie dann dazu, näher bei ihnen zu sitzen als bei jemandem, den Sie nicht kennen? Oder eher weiter weg?

Wenn Sie sich einer anderen Person nähern und diese sich zurückzieht, dann ist dies ein guter Indikator dafür, dass sich diese Person während Ihrer gemeinsamen Unterhaltung nicht wohl fühlt! Eine Person, die in einiger Entfernung zu Ihnen steht, ist möglicherweise von Natur aus schüchtern oder etwas zurückhaltend. Suchen Sie nach weiteren Hinweisen, um herauszufinden, ob diese Person wirklich nicht persönlich mit Ihnen sprechen möchte oder ob sie sich nur ein bisschen unwohl fühlt, wenn sie sich mit Menschen unterhält, die sie nicht kennt.

### 4. Gespiegelte Gesten und Bewegungen

Es ist für Menschen selbstverständlich, die Gesten von anderen Personen nachzuahmen, die ihnen wichtig sind oder die sie besser kennenlernen möchten. Wenn Sie einen Ellbogen auf den Tisch lehnen und die andere Person dies auch innerhalb weniger Sekunden tut, wird Ihre Bewegung gespiegelt. Nippen Sie an Ihrem Getränk. Nippt Ihr Gegenüber nun auch an seinem Drink?

Wir werden in den nächsten Kapiteln mehr auf diesen Aspekt eingehen, doch das Spiegeln einer anderen Person ist eine gute Möglichkeit, um sie dazu zu bringen, Sie zu mögen und Ihnen zu vertrauen.

## 5. Bewegungen des Kopfes und des Halses

Waren Sie jemals in einem Kurs oder einem Meeting, in dem der Präsentator immer weitersprach und einfach nicht zum Ende kam? Haben Sie dabei immer schneller mit Ihrem Kopf genickt, um diese Person dazu zu bringen, endlich den Mund zu halten?

Ein langsames Nicken weist auf einen geduldigen Zuhörer hin. Diese Person interessiert sich für das, was Sie zu sagen haben. Sie versucht nicht verzweifelt, Sie zum Schweigen zu bringen, sondern zeigt Ihnen, dass sie Sie versteht. Es kann auch sein, dass diese Person ihren Kopf ein wenig zur Seite neigt, um noch mehr Interesse zu bekunden.

Wenn Ihr Gegenüber den Kopf beim Sprechen überhaupt nicht bewegt, dann ist das ein Zeichen dafür, dass diese Person sehr ernst ist oder Autorität besitzt. Wenn Sie ständig wie ein Wackeldackel mit Ihrem Kopf nicken, dann werden die Leute Sie auch genauso ernst nehmen wie einen Wackeldackel. Zu viel Bewegung wirkt nervös, nicht selbstbewusst.

Vielleicht befanden Sie sich schon einmal in einer Situation, in der Sie mit Ihren Kollegen sprachen, während Sie auf den Beginn eines Meetings warteten. Was geschah, als Ihr Chef den Raum betrat? Alle hörten auf zu sprechen und waren aufmerksam. Die Personen, die nicht so viel Macht besitzen, werden seltener angeschaut. Um die wichtigste Person in einem Raum auszumachen, sollten Sie nach der Person Ausschau halten, die von allen angesehen wird.

Eine Person ist unsicher oder argwöhnisch, wenn sie ihren Kopf nach hinten bewegt.

Rasches Schlucken ist oftmals ein Anzeichen für Angst oder Beschämung. Menschen, die dies versuchen zu verstecken, halten sich oftmals eine Hand an ihre Kehle. Personen, die Bewegungen machen, um etwas zu verbergen, haben auch tatsächlich etwas zu verheimlichen, so einfach ist das! Hier spricht das Unterbewusstsein aus ihnen.

## 6. Beine und Füße

Ein Blick auf die Position der Füße einer Person ist eine großartige Möglichkeit, um herauszufinden, wie sie sich wirklich fühlt! Wir kontrollieren oftmals die Gesichter und Gesten unserer Gesprächspartner, achten aber nicht so sehr auf ihre Füße.

Wohin zeigen die Füße der anderen Person? Wenn sie Ihnen zugewandt sind, dann möchte sie sich wahrscheinlich mit Ihnen unterhalten. Interessierte und engagierte Menschen wenden sich Ihnen mit ihren Füßen und Gesichtern zu. Wenn ihre Füße jedoch nicht in ihre Richtung zeigen, dann möchte diese Person vermutlich gehen. Um das herauszufinden, müssen Sie nicht stundenlang auf den Boden schauen. Ein kurzer Blick sollte genügen und Ihnen verraten, ob Ihr Gegenüber an einem Gespräch interessiert ist oder nicht.

Wenn Sie nach unten schauen, dann kann es passieren, dass die Füße der anderen Person nach innen zeigen oder um ein Stuhlbein gewickelt sind. Kommt Ihnen das wie eine selbstbewusste Körpersprache vor? Wahrscheinlich nicht. Dies sind Anzeichen dafür, dass sich die Person, die Sie beobachten, unbehaglich oder ängstlich fühlt.

Die Körperhaltung einer Person ist ebenfalls ein guter Indikator für ihre wahren Gefühle. Ein entspannter, schulterbreiter Stand weist auf eine selbstbewusste, entspannte Person hin oder zumindest auf jemanden, der versucht, so zu wirken!

Wenn eine Person ihre Beine und Füße aneinanderpresst, dann signalisiert das Angst. Die Person versucht damit, sich kleiner zu machen. Ebenso ist das Überkreuzen von Beinen oder Füßen ein weiterer Versuch, kleiner zu wirken. Eine selbstbewusste Person möchte stattdessen mehr Platz einnehmen.

## 7. Hände

Wenn Menschen Gesten mit ihren Händen machen, tendieren sie dazu, sie auf jemanden zu richten, mit dem sie eine Beziehung haben. Diese Bewegungen können je nach Position auch die Ellbogen umfassen. Mit dem Finger auf jemanden zu zeigen gilt zumindest in Deutschland als unhöflich. Doch Ihre Hände zeigen normalerweise in Richtung der Person, an der Sie interessiert sind, genau wie Ihre Füße.

Menschen benutzen ihre Hände ebenfalls, um beim Sprechen zu gestikulieren. Offene, schwungvolle Gesten können normalerweise bei Menschen beobachtet werden, die sich ihrer selbst und ihrer Aussagen sicher sind.

Wenn sich eine Person hinsetzt und ihren Kopf oder ihr Kinn auf einer Hand abstützt, dann zeigt sie Interesse an dem, was die andere Person sagt.

Negative oder ungünstige Gesten sind ebenfalls ziemlich eindeutig erkennbar. Die Hände in den Taschen oder am Kopf zu halten, weist auf Nervosität oder Täuschungsabsichten hin. Wenn eine Person sitzt und dabei ihren Kopf mit beiden Händen abstützt, signalisiert dies normalerweise Langeweile.

Jemand, der sich beim Sprechen einen Gegenstand wie eine Aktenmappe oder eine Tasche als Schutzschild vor die Brust hält, verteidigt sich gegen die andere Person. Dies ist eine ziemlich eindeutige Geste. Oftmals hat diese nichts mit der Person zu tun, gegen die sie sich „verteidigt"! Es ist eher ein Zeichen dafür, dass sie nervös ist oder sich im Allgemeinen defensiv fühlt.

## 8. Arme

Wie bereits erwähnt, können verschränkte Arme Wut und Abwehr, aber auch Angst oder Abschottung signalisieren. Wenn die verschränkten Arme jedoch mit einer entspannten und selbstbewussten Körperhaltung kombiniert werden, kann dies tatsächlich eine positive Einstellung signalisieren.

In die Hüften gestemmte Hände stehen für Dominanz, zumindest in der Öffentlichkeit. Das Stehen mit weit gespreizten Beinen und in die Hüfte gestemmten Händen ist eine Power-Pose, bei der sich viele Menschen sicherer fühlen, insbesondere wenn sie vor einem großen Publikum eine Präsentation halten möchten.

# Wie Sie die Körpersprache in Abhängigkeit von der Stimmungslage lesen

Es gibt viele Gesten und Ausdrücke, auf die Sie achten können, wenn Sie versuchen, die nonverbale Kommunikation einer anderen Person zu verstehen. Wie Sie oben gesehen haben, können verschiedene Körperteile auf unterschiedliche Weise in ein Gespräch einbezogen werden.

Dies bedeutet jedoch auch, dass das Lesen der Körpersprache anderer Menschen keine exakte Wissenschaft darstellt. Es gibt allgemeine Hinweise darauf, was jemand mit seinem Körper sagen möchte, doch diese Gesten und Positionen können unterschiedlich interpretiert werden, je nachdem, welchen Hintergrund sie haben oder ob eine Störung oder ein körperliches Problem vorliegt, das die Körpersprache verändert.

Oft besteht der Weg zur Lösung offensichtlicher Widersprüche darin, zu prüfen, ob der Großteil der Hinweise in die eine oder andere Richtung führen. Wenn der Großteil der Signale von einer Person stammt, die entspannt und glücklich ist, dann ist ein Signal, das normalerweise auf Anspannung und Angst hinweist, wahrscheinlich auf äußere Einflüsse wie das Wetter zurückzuführen.

Diese Methode funktioniert auch in die andere Richtung. Stellen Sie sich jemanden vor, der zusammengesunken dasitzt, die Hände ballt und auf den Boden starrt, dessen Füße jedoch in Ihre Richtung zeigen. Ist diese Person begeistert von Ihnen? Nein, ihre Fußstellung ist wahrscheinlich nur ein Zufall.

Nachfolgend finden Sie allgemeine körpersprachliche Signale für verschiedene Arten von Stimmungen und Emotionen.

## 1. Glücklich / positiv / interessiert

Wenn sich Menschen gut fühlen, dann neigen sie dazu, eine gute Körperhaltung anzunehmen. Arme, Beine und Hände sind entspannt. Ihr Körper ist Ihnen direkt zugewandt. Sie lächeln womöglich, und zwar handelt es sich um ein echtes Lächeln, kein halbgares. Sie nehmen regelmäßig direkten Augenkontakt mit Ihnen auf, starren jedoch nicht unbeholfen.

Wenn solche Menschen mehr von Ihnen hören wollen und sich für Sie interessieren, dann werden sie wahrscheinlich näher zu Ihnen kommen. Wahrscheinlich nicken solche Menschen langsam, während sie das aufnehmen, was Sie sagen, oder neigen ihre Köpfe etwas zur Seite. Im Sitzen kann es sein, dass solche Menschen ihren Kopf auf den Ellbogen abstützen.

Im Allgemeinen sind die Hände, Ellbogen und Füße auf Sie gerichtet. Sie reflektieren oder spiegeln die Gesten wider, die Sie machen. Zudem sind ihre Pupillen erweitert.

Wenn Sie einen Schluck Wasser nehmen, werden sie dies ebenfalls tun. Menschen, die sich mit Ihnen beschäftigen möchten, werden Ihre Gesten widerspiegeln.

## 2. Betrügerische Absichten

Jemandem, der Sie anlügt, fällt es oft schwer, Ihnen direkt in die Augen zu sehen. Es kann sein, dass so jemand nach rechts oben blickt oder zu oft blinzelt.

Beim Sprechen kann es passieren, dass eine solche Person ihre Lippen berührt oder ihren Mund bedeckt hält. Alternativ dazu kann es auch sein, dass diese Person ihre Hände in ihre Taschen steckt, sodass man sie nicht mehr sehen kann.

Wenn die Körpersprache dieser Person darauf hinweist, dass sie etwas versteckt oder verheimlicht, dann ist es sehr wahrscheinlich, dass diese Person es nicht ehrlich mit Ihnen meint.

## 3. Bedroht / ängstlich / nervös

Diese Menschen schauen Ihnen ebenfalls nicht in die Augen. Es kann sein, dass solche Menschen ihre Beine aneinander oder um ein Stuhlbein wickeln, wenn sie sitzen. Auch blinzeln solche Menschen sehr oft oder schlucken häufig. Eine ängstliche Person steht mit zusammenpressten Beinen da. Es ist ebenfalls möglich, dass ihre Arme verschränkt sind, um sich körperlich kleiner zu machen.

Möglicherweise stellen Sie auch fest, dass diese Personen ihre Schultern hängen lassen und Ihnen ihren Körper meist nicht zuwenden. Oftmals halten sie einen Gegenstand vor ihrem Körper, um Sie und andere Menschen von sich fernzuhalten.

Jemand, der sich ängstlich fühlt, sieht wahrscheinlich auch ziemlich angespannt aus – verkrampfter Kiefer, geballte Hände, zusammengepresster Mund. Vermutlich schauen sich solche Menschen im Raum um und suchen nach Bedrohungen. Sie konzentrieren sich nicht besonders auf Sie (es sei denn, sie sehen Sie in irgendeiner Weise als Bedrohung an).

4. **Negativ (oder zumindest nicht positiv) Ihnen persönlich gegenüber eingestellt**

Wenn eine Person schnell mit dem Kopf nickt, sollten Sie wahrscheinlich eine Pause machen! Schauen Sie sich die Füße dieser Person an. Wenn ihre Füße von Ihnen weg zeigen, dann wäre diese Person wahrscheinlich lieber woanders. Und wenn sie beim Sitzen mit beiden Händen ihren Kopf abstützt, dann langweilt sie sich.

Wenn sie lächelt, ist es kein echtes Lächeln, sondern ein erzwungenes oder sogar ein falsches. Die Lippen können zusammengepresst sein. Dieser Mensch ahmt Ihre Gesten nicht nach. In Bezug auf Augenkontakt sieht er Sie möglicherweise gar nicht erst an.

## Wie Sie den Körper Ihres Gegenübers Schritt für Schritt scannen

Bisher haben wir all diese Indikatoren und Hinweise Stück für Stück analysiert – zuerst nach Körperteilen und dann nach Stimmung. Doch wie setzt man diese Stücke nun zusammen? Denken Sie daran, dass es die größeren Bewegungen und Ausdrücke sind, die Ihnen einen schnellen Überblick darüber geben, was die andere Person Ihnen zu sagen versucht.

### 1. Allgemeine Körperhaltung

Welchen Eindruck bekommen Sie, wenn Sie die Körperhaltung einer anderen Person im Großen und Ganzen studieren? Steht sie aufrecht und entspannt da? Oder lässt sie ihre Schultern hängen? Können Sie erkennen, ob ihre Muskeln angespannt sind? Scheint sich die Person kleiner zu machen? Oder nimmt sie eine ganze Menge Platz ein? Wenn sie Gesten macht, sind ihre Bewegungen klein und eingeschränkt oder sind sie ausdrucksstark?

## 2. Gesicht

Das Erste, worauf Sie achten, weil es ein wichtiger Indikator ist, ist ein Lächeln. Wenn eine Person lächelt, ist es ein ehrliches Lächeln? Wenn Sie anfangen, mit dieser Person zu sprechen, nimmt sie dann Augenkontakt mit Ihnen auf? Nickt sie, während Sie sprechen, und nimmt sie das auf, was Sie sagen? Oder nickt sie heftig und ihre Augen huschen durch den Raum? Ist ihr Gesicht entspannt oder ist ihr Kiefer angespannt?

## 3. Arme, Beine, Hände und Füße

Sind diese entspannt und zeigen in Ihre Richtung?

Oder presst diese Person ihre Beine, Arme, Füße und Hände zusammen? Versteckt sie ihre Gliedmaßen oder sind sie auf jemand anderen gerichtet?

# Fallstudie

Stellen sie sich vor, dass Sie sich in einem Büro befinden und zwei Personen namens Pat und Chris beobachten, die einander zugewandt sind.

Pat steht gerade da, ihre Beine sind schulterbreit voneinander entfernt. Sie nickt langsam, während sie zuhört, was Chris zu ihr sagt. Ihre Füße sind Chris zugewandt. Ihre Handhaltung ist entspannt und geöffnet. Sie lächelt sanft und sieht Chris direkt an.

Chris' Beine sind zusammengepresst und er hält einen Ordner dicht vor seiner Brust. Seine Füße zeigen ein wenig nach innen. Er sieht Pat meistens an, doch manchmal schweift sein Blick in eine andere Richtung ab. Er lächelt nicht, und wenn er gerade nicht spricht, presst er seine Lippen aufeinander.

Was schlussfolgern Sie als Ergebnis Ihrer Beobachtungen?

Pat ist selbstbewusst und interessiert sich dafür, was Chris sagt. Er ist ein wenig nervös und verhält sich defensiv.

Wie ist die Beziehung zwischen den beiden? Da Pat keine Dominanz ausstrahlt, ist sie nicht seine Chefin oder Vorgesetzte, sondern versucht zu erreichen, dass er sich entspannt. Es kann sein, dass Chris neu in der Firma oder einfach nur ein nervöser Mensch ist.

Das schnelle Lesen der Körpersprache ist eine Übung, die Sie überall machen können, wenn Sie andere Menschen beobachten. Probieren Sie es einmal aus, wenn Sie morgens zur Arbeit pendeln, wenn Sie in der Kantine, in einem Café oder sogar bei einer Networking-Veranstaltung sind. Studieren Sie die Art und Weise, wie sich die Menschen verhalten. Wie wirkt deren Körpersprache auf Sie? Wenn sich zwei Menschen miteinander unterhalten, versuchen Sie herauszufinden, wie die Beziehung der beiden zueinander ist.

## Zusammenfassung des Kapitels

Unser Unterbewusstsein oder Bauchgefühl erledigt eine Menge Arbeit für uns, indem es die Körpersprache anderer Menschen liest, insbesondere in Bezug auf Mini-Bewegungen, die die meisten Menschen unbewusst machen.

- Wir müssen nicht allzu sehr über die nonverbale Kommunikation einer anderen Person nachdenken und viel Zeit damit verbringen, diese zu analysieren.
- Es gibt offensichtliche Gesten und Hinweise, die wir lesen können, um zu verstehen, wie sich jemand fühlt oder was uns unser Gegenüber sagen will.
- Unterschiedliche Körperteile drücken nonverbale Botschaften auf unterschiedliche Art und Weise aus.
- Im Allgemeinen signalisieren offene und entspannte Körperhaltungen, Gesichtsausdrücke und Gesten positive Emotionen und Interesse.
- Im Gegensatz dazu fühlen sich Menschen nicht wohl, die sich klein machen oder offensichtlich angespannt wirken.

Mit diesen Personen muss man auf eine ganz bestimmte Art und Weise umgehen.

Im nächsten Kapitel werden Sie lernen, wie Sie eine einnehmende Körpersprache entwickeln, um eine großartige Persönlichkeit zu erhalten!

# KAPITEL 4

# Wie Sie durch Ihre Körpersprache eine einnehmende Persönlichkeit entwickeln

Sie wissen jetzt, wie Sie Vertrauen und Interesse ausstrahlen können (weitere Details dazu finden Sie im letzten Kapitel. Da Sie erfahren haben, wie andere Menschen auf nonverbale Art kommunizieren, kennen Sie jetzt einige der Gesten und Körperhaltungen, die Sie verwenden können, wenn Sie vor anderen Menschen sprechen müssen.

Doch Ihr Ziel besteht darin, erfolgreich zu sein! Erfolg erfordert mehr als nur ein Lächeln, wenn Sie mit jemandem sprechen. In der Tat kann ein zu starkes Lächeln negative Konsequenzen haben und Sie nervös oder weniger selbstbewusst erscheinen lassen.

Denken Sie an Menschen, die Sie bewundern und denen Sie gerne zuhören. Sie müssen diese Menschen nicht persönlich kennen. Vielleicht handelt es sich um Fernsehpersönlichkeiten oder Sie kennen sie aus dem Internet. Wie wirken diese Personen? Scheinen sie unsicher oder nervös zu sein? Wenn sie interviewt werden, schweift der Blick des Interviewers umher? Wenn die interviewte Person charismatisch und anziehend ist, dann werden Sie feststellen, dass sich der Interviewer ganz auf seinen Gast konzentriert, es sei denn, er wendet sich direkt an das Publikum.

Oder vielleicht beobachten Sie Ihre Kollegen im Büro. Wenn Sie sich in einem Meeting befinden und Ihr Chef noch nicht da ist, unterhalten Sie und Ihre Kollegen sich wahrscheinlich untereinander oder jeder beschäftigt sich mit seinem Mobiltelefon. Doch was passiert, wenn der Geschäftsführer oder ein anderer Vorgesetzter den Raum betritt? Jeder schaut ihn an, legt das Handy beiseite und beendet das Gespräch mit seinem Tischnachbarn. Schauen Sie sich die Person an, die in der Hierarchie am höchsten gestellt ist. Zappelt diese Person herum, scheint sie ängstlich oder in einer defensiven Haltung zu sein? Oder betritt sie den Raum, als würde ihr das ganze Gebäude gehören?

Haben Sie in letzter Zeit mal eine Comedy-Show besucht? Lachen Sie mehr bei einem Komiker, der weiß, dass er lustig ist, als bei einem, der geradezu erleichtert aussieht, wenn jemand während seines Auftritts kichert?

Wir Menschen ziehen es vor, anderen Menschen zu folgen, die selbstbewusst erscheinen. Denken Sie darüber nach, wem Sie Ihre Aufmerksamkeit schenken wollen und welche Art von Person Ihre Aufmerksamkeit auf natürliche Art und Weise anzieht. Möchten Sie einer Person zuhören, die unsicher wirkt und Augenkontakt vermeidet, wenn sie sich mit Ihnen unterhält?

Es ist nur wichtig, dass eine Person selbstsicher wirkt, und zwar unabhängig davon, wie sich diese Person zu diesem Zeitpunkt fühlt. Es darf keine nervöse, ängstliche oder defensive Körpersprache an den Tag gelegt werden. Wenn dies passiert, verliert die Person ihr Publikum. Um Macht zu haben, müssen andere Menschen die Macht dieser Person anerkennen. Und wenn eine Person auf irgendeine Art und Weise Schwäche zeigt, dann verliert sie diese Macht.

Vielleicht fühlen Sie sich gerade selbst unsicher. Das Thema Körpersprache mag neu für Sie sein und Sie erkennen Ihre eigene Körpersprache in der Beschreibung von defensiven, ängstlichen oder negativ eingestellten Personen wieder. Das ist völlig in Ordnung. Sie müssen nicht tatsächlich selbstbewusst sein, um so zu tun, als wären Sie es! Und ein weiterer Vorteil ist: Je selbstsicherer Sie sich geben, desto selbstbewusster werden Sie auch tatsächlich sein. Es handelt sich hierbei um eine positive Rückkopplungsschleife. Wenn Sie sich selbstbewusst geben und sich selbstbewusst fühlen, dann werden andere Menschen auf Ihr Selbstbewusstsein reagieren, was wiederum dazu führt, dass Sie noch selbstsicherer werden.

Was können Sie noch tun, wenn Sie Selbstbewusstsein ausstrahlen möchten? Sie können sich selbst so konditionieren, mit mehr Selbstbewusstsein zu agieren. Glücklicherweise befinden wir uns im Zeitalter des Internets, weswegen es viele Videos von erfolgreichen Menschen wie Richard Branson, Steve Jobs und Mark Cuban gibt. Möchten Sie selbstbewusster sein? Studieren Sie die Körpersprache dieser Menschen und kopieren Sie sie. Üben Sie diese Bewegungen und stärken Sie damit Ihr eigenes Selbstvertrauen.

## Die Körpersprache des „Clubs der Gewinner"

Was halten Sie davon, den Handschlag durch die sogenannte Ghettofaust zu ersetzen? Hygienefanatiker wie Richard Branson mögen dies lieber. Ein sogenannter „Fist Bump" lässt Sie ein wenig unkonventionell und cool erscheinen. Oder Sie zeigen ein doppeltes „Daumen hoch", was Jack Ma von Alibaba (ein chinesisches Unternehmen, das dem US-Konzern Amazon ähnelt) gerne macht. Dieses Zeichen wird in China mit dem Buddhismus assoziiert, sendet jedoch auch gegenüber Amerikanern und Europäern eine positive Botschaft aus.

Ich sprach im letzten Kapitel über das Thema Spiegeln von Bewegungen, was auch Mark Zuckerberg oft macht. Interessanterweise werden Sie empathischer, wenn Sie die Bewegungen und Gesten einer anderen Person spiegeln, und die Wahrscheinlichkeit erhöht sich, dass Sie die Botschaft dieser Person besser verstehen.

Sheryl Sandberg tendiert beispielsweise dazu, sich zu ihrem Publikum oder zu der Person, mit der sie gerade spricht, zu neigen. Sie beugt sich vor und streckt ihren Kopf kontrolliert nach vorne. Auf diese Art und Weise zeigt sie ihren Zuhörern, dass sie eine Menge Ideen hat und sich für ihr Publikum interessiert.

Im nächsten Kapitel werde ich stärker auf das Thema Sprechen in der Öffentlichkeit eingehen, doch die Sache, die Steve Jobs so effektiv machte, war seine Angewohnhcit, stets sehr viel Augen-kontakt mit seinem Publikum zu halten. Es kann sehr kraftvoll wirken, wenn das Publikum merkt, dass es direkt angesprochen wird.

Mark Cubans Lieblingsgeste ist sein ehrliches Lächeln. Es strahlt Herzlichkeit aus, kann jedoch auch Respekt einfordern, wenn es mit einer autoritären Körpersprache wie ausladenden Gesten einhergeht.

Die deutsche Kanzlerin Angela Merkel ist bekannt dafür, ihre Finger zu einer Raute zu formen. Sie müssen dabei nicht sitzen, um das zu tun, da dies auch im Stehen funktioniert. Formen Sie hierzu mit Ihren Fingern ein Dreieck. Dabei sollten sich Ihre Fin-gerspitzen jedoch nur sanft berühren. Diese Handhaltung ist eben-falls großartig, wenn Sie nicht wissen, was Sie mit Ihren Händen tun sollen, wenn Sie gerade nicht gestikulieren.

Bedenken Sie bei all diesen Beispielen, dass diese Gesten alle-samt sehr natürlich wirken. Keine dieser Gesten sind merkwürdige Verrenkungen, die Sie wochenlang vor dem Spiegel üben müssen, um sie zu meistern. Vielleicht machen Sie bereits einige davon. Mit anderen Worten ausgedrückt: Die effektive und erfolgreiche Nut-zung der Körpersprache muss nicht schwierig oder unnatürlich sein.

Darüber hinaus strahlen all diese Bewegungen Herzlichkeit aus. Sie wirken dadurch nicht streng oder unnahbar, denn dies würde Sie unsympathisch erscheinen lassen. Sie müssen kein strenger Lehrer oder Roboter sein, um eine Nachricht effektiv zu übermitteln. Tatsächlich sind Sie weniger effektiv, wenn Sie wie ein Roboter wirken! Selbstbewusst zu sein und eine einnehmende Persönlichkeit zu haben bedeutet, dass Sie vertrauensvoll, offen und freundlich wirken. Eine solche Person möchten andere Men-schen gern kennenlernen, um eine Verbindung aufzubauen und von ihr beeinflusst zu werden.

# Neun Möglichkeiten, um (positive) Aufmerksamkeit zu erzielen

Alle oben genannten Personen sind für ihre physische Präsenz bekannt. Andere Menschen schenken diesen Personen ihre Aufmerksamkeit, wenn sie Reden halten, und zwar zum Teil deswegen, weil sie mächtige Menschen sind, die Einfluss auf ihrem Fachgebiet haben, doch auch wegen der selbstbewussten Körpersprache, die sie in der Öffentlichkeit an den Tag legen. Hier sind sechs Möglichkeiten, um auf sich aufmerksam zu machen, damit sich andere Menschen auf Ihre Botschaft einlassen.

Viele dieser Tipps basieren darauf, selbstbewusst zu sein oder zu erscheinen. Menschen schenken einer Person, die nicht selbstsicher ist, nicht viel Aufmerksamkeit. Sie hören lieber einer Person zu, die selbstbewusst ist, auch wenn diese Person nicht wirklich weiß, wovon sie spricht! Solange die Person ihre Selbstsicherheit nur gut genug vortäuscht, werden andere ihr glauben.

### 1. Gehen Sie auf Ihre Mitmenschen zu und bieten Sie ihnen einen festen Händedruck an

Warten Sie nicht darauf, bis die andere Person Ihre Hand schüttelt. Machen Sie einen Schritt nach vorne und bieten Sie ihr zuerst Ihre Hand an. Dies ist ein Hinweis darauf, dass Sie sich selbstbewusst und sicher in Ihrer Haut fühlen.

Beim Thema Händeschütteln ist eine weiche Hand ein absolutes No-Go! Greifen Sie die Hand Ihrer Mitmenschen mit festem Griff, jedoch nicht so fest, dass es schmerzhaft ist. Schütteln Sie die Hand einige Male, halten Sie dabei Augenkontakt und lassen Sie dann die Hand los. Wenn Sie nicht wissen, ob Ihr Händedruck zu leicht oder zu fest ist, bitten Sie Freunde und Kollegen um Feedback.

## 2. Bewegen Sie sich nicht zu stark

Bedrohte Tiere senken oft den Kopf. Ihre Augen huschen herum und suchen nach einer Fluchtmöglichkeit. Wir Menschen sind auch Tiere und dasselbe Verhalten gilt auch für uns.

Wenn Sie beim Sprechen Ihren Kopf zu stark bewegen, sehen Sie machtlos aus. Den Kopf ruhig zu halten vermittelt Ernsthaftigkeit und Autorität. Dies gilt insbesondere für Frauen, die aufgrund ihres Geschlechts häufig weniger ernst genommen werden.

Hören Sie auf, herumzuzappeln. Das hat Ihnen Ihre Mutter sicherlich auch schon in Ihrer Kindheit gepredigt! Wir Menschen zappeln auf verschiedene Arten herum, doch das muss nun ein Ende haben. Sich an den Haaren herumzuspielen, mit den Füßen zu wippen, Hände und Finger zu kneten, sich ständig im Gesicht und am Hals zu berühren ... All diese Dinge lassen Sie ängstlich aussehen. Möglicherweise müssen Sie es sogar üben, stillzusitzen und -zustehen!

Probieren Sie Posen und Körperhaltungen aus, bei denen Sie nicht zappeln können, insbesondere solche, die an und für sich schon machtvolle Gesten sind. Zum Beispiel ist es ein Zeichen von Autorität und Selbstvertrauen, wenn Sie die Fingerspitzen beider Hände zusammenführen. Diese Fingerhaltung hindert Sie auch daran, sich im Gesicht, am Hals oder an den Haaren herumzuspielen.

Viele körpersprachliche Signale wirken sich positiv aus, wenn Sie sie ausführen, sollten jedoch nicht übertrieben werden. Zum Beispiel wirken Menschen, die häufig mit ihren Händen und Armen gestikulieren, positiver als Menschen, die dies nicht tun. Sobald diese Gesten jedoch zu hektisch werden oder in der Luft oberhalb Ihres Kopfes stattfinden, wirkt diese Person nicht mehr autoritär. Diese Gesten lassen Sie erscheinen, als hätten Sie die Kontrolle verloren, wodurch Sie machtlos wirken.

Kurz gesagt: Einige Bewegungen sind vorteilhaft und lassen Sie selbstbewusster und sympathischer wirken, jedoch müssen diese kontrolliert ausgeführt werden, um eine positive Wirkung zu erzielen. Diese Gesten müssen so aussehen, als würden Sie bewusst eine Entscheidung treffen, um diese Bewegungen auszuführen. Sie dürfen es auf keinen Fall übertreiben und wild herumgestikulieren.

### 3. Durch Schein zum Sein

Vortäuschung funktioniert nicht immer und in jedem Bereich. Wenn Sie beispielsweise Angst haben, können Sie nicht einfach so tun, als hätten Sie keine. Man wird Ihnen an Ihrer Körpersprache ansehen, dass Sie Angst haben.

Im Gegensatz dazu ist es oft wichtig, selbstbewusste Positionen wie Machtposen, Körperhaltungen und Gesten anzuwenden. Diese Körperhaltungen signalisieren nicht nur anderen Menschen, dass Sie selbstbewusst sind, sondern helfen Ihnen auch dabei, sich selbstsicherer zu fühlen! Wenn Ihr Selbstvertrauen im Laufe der Zeit wächst, werden diese Gesten authentischer werden.

Eine Machtpose ist der schulterbreite Stand. Dadurch wirken Sie größer und nicht klein und ängstlich. Diese Machtpose bezeichnen wir als Superman-Stand. Es ist zwar nicht immer ratsam, die Füße auf dem Schreibtisch abzulegen, doch auch dabei handelt es sich um eine Machtpose.

Das Motto „Dress for Success" ist ein tatsächliches Konzept, jedoch nicht in dem Sinne, ob Sie einen schicken Anzug tragen sollten oder nicht (das hängt ganz von Ihrem Berufsfeld ab). Je sicherer Sie sich in Ihrer Kleidung fühlen, desto selbstsicherer werden Sie sein.

Tragen Sie daher nichts, was kneift oder kratzt oder das ständig angepasst werden muss. Wenn Sie an Ihrer Kleidung herumspielen, sehen Sie nervös aus. Tragen Sie etwas, von dem Sie wissen, dass Sie darin gut aussehen und dass Sie darin stehen oder sitzen können. Kleiden Sie sich für den Job, den Sie anstreben, nicht für den Job, den Sie bereits haben. Auch Ihre Kleidung soll Selbstsicherheit ausstrahlen.

Und wenn Sie etwas vortäuschen möchten, dann machen Sie es richtig (wer hätte gedacht, dass Sie etwas falsch und richtig vortäuschen können?). Mit anderen Worten ausgedrückt: Achten Sie darauf, dass Sie Gesten und Machtposen wohlüberlegt einsetzen.

Es ist oftmals keine gute Idee, mit Ihrem Finger auf etwas oder jemanden zu zeigen. Einige Menschen sind der Meinung, dass dies Dominanz ausstrahlt, jedoch lesen die meisten diese Geste als elterliche Kontrollgeste oder sogar als drohende Geste. Denken Sie daran, dass das Geheimnis einer einnehmenden Körpersprache Sympathie und Selbstbewusstsein ist. Niemand mag Rowdys.

## 4. Achten Sie auf Ihre Handflächen

Es hat eine Bedeutung, ob Ihre Handflächen nach oben oder nach unten zeigen. Wenn Ihre Handflächen nach unten zeigen, ist das eine selbstbewusste Haltung. Es ist egal, ob Sie an einem Schreibtisch sitzen oder stehen, um eine Präsentation zu halten: Wenn Sie Ihre Handflächen nicht zeigen, signalisieren Sie damit Vertrauen und Autorität. Wenn Sie sich hinter einem Schreibtisch befinden, müssen Sie Ihre Handflächen möglicherweise gelegentlich nach oben drehen, damit Sie nicht überheblich wirken!

Handflächen, die nach oben zeigen, strahlen weniger Macht aus. Sie haben womöglich bereits bemerkt, dass die Handflächen von anderen Menschen nach oben zeigen, wenn sie ihre Gedanken präsentieren und um Akzeptanz bitten. Mit nach unten zeigenden Handflächen haben Sie mehr Kontrolle über das Gespräch.

In einigen Fällen ist es jedoch möglicherweise besser, wenn Ihre Handflächen nach oben zeigen, obwohl dies eher eine flehende Handhaltung ist. Je nach Umstand hilft Ihnen eine solche Geste dabei zu vermitteln, dass Sie vertrauenswürdig sind.

Sorgen Sie in jedem Fall für trockene Handflächen, wenn Sie jemand anderem die Hand schütteln. Eine verschwitzte Handfläche ist definitiv nicht sehr sympathisch!

Es ist ebenfalls wichtig, dass Sie eine entspannte Handhaltung haben. Geballte Fäuste weisen auf Ärger hin. Wenn Sie einen Gegenstand wie eine Handtasche oder ein Notizbuch zu fest umklammern, dann bedeutet dies Nervosität. Legen Sie solche Gegenstände in diesem Fall besser ab. Dadurch vermeiden Sie auch, dass Sie einen Schutzschild zwischen sich und andere Personen halten.

Wenn Sie Ihre Hände hinter Ihrem Rücken oder in Ihren Hosentaschen verstecken, so deutet dies darauf hin, dass Sie etwas zu verbergen haben. Wenn Sie als offen wahrgenommen werden möchten, sollten Sie darauf achten, wohin Ihre Handflächen zeigen und dass Ihre Gesprächspartner sie jederzeit im Blick haben.

Wenn Sie sitzen, ist eine „Rautenhaltung" Ihrer Finger à la Angela Merkel eine einladende, aber dennoch selbstbewusste Geste. Probieren Sie es aus!

Menschen vertrauen anderen Menschen, die „mit ihren Händen sprechen". Seien Sie also nicht schüchtern und setzen Sie Ihre Hände ein. Bevor sich die menschliche Sprache entwickelte, gab es bereits die nonverbale Kommunikation und die Hände sind ein wichtiger Teil davon. Wenn Sie Ihre Hände zeigen, dann wirken Sie vertrauenswürdig.

## 5. Legen Sie Daumen und Zeigefinger aneinander

Diese Geste ist besonders effektiv, wenn Sie ein bestimmtes Argument hervorheben möchten. Verwenden Sie diese

Geste sparsam, dann wirken Sie selbstbcwusst und autoritär. Wenn Sie sie jedoch zu häufig einsetzen, dann sieht das komisch aus.

### 6. Ziehen Sie Ihre Augenbrauen nach oben

Diese Geste lässt darauf schließen, dass Sie offen und aufgeschlossen sind. Menschen, die sich verletzlich fühlen, sind oftmals defensiv und verschlossen. Aus diesem Grund ist Offenheit ein Anzeichen für Selbstbewusstsein. Wenn Sie Ihren Kopf langsam drehen und Ihre Augenbrauen nach oben ziehen, wenn Sie eine andere Person ansehen, dann ist dies ein Hinweis darauf, dass Sie aufmerksam sind. Denken Sie zur Inspiration an Roger Moores Darstellung von James Bond.

### 7. Stehen (oder sitzen) Sie aufrecht

Das hat Ihnen Ihre Mutter sicherlich schon im Kindesalter beigebracht. Halten Sie Ihren Kopf und Ihre Schultern gerade. Eine gute Körperhaltung ist nicht nur ein Anzeichen für Selbstbewusstsein und Kompetenz, sondern lindert auch unnötige Rücken- und Nackenschmerzen und erleichtert die Atmung. Ob Sie es glauben oder nicht, aber eine gute Körperhaltung ist auch wichtig für Ihr Selbstbewusstsein! Wenn Sie nicht richtig atmen, sind Sie vermutlich angespannt und Ihre Stimme ist dann höher als sonst. Eine entspannte Atmung ist eine selbstbewusste Atmung.

Wenn Sie sitzen, sollte Ihr Rücken gerade sein und Ihre Füße sollten flach auf dem Boden stehen. Wenn Sie klein sind, dann kann es vorkommen, dass Sie bei einigen Stühlen mit Ihren Füßen den Boden nicht berühren können. In einer solchen Situation sollten Sie besser stehen, vor allem wenn die Alternative darin besteht, dass Sie Ihre Beine wie ein Kind baumeln lassen müssen. Wenn Sie sich zuhause befinden, dann ist ein Hocker eine gute Lösung für dieses Problem.

Nehmen Sie Raum ein. Vermeiden Sie es, dass Sie klein wirken, was andere Menschen als machtlos und verletzlich einschätzen. Sie sollten weder Ihre Arme noch Ihre Beine verschränken, da Sie sonst kleiner wirken. Hängende Schultern oder eine nach vorne gebeugte Körperhaltung lassen Sie machtlos erscheinen. Denselben Effekt hat es, wenn Sie Ihre Hände in einer Feigenblatt-Position vor Ihrem Schoß halten. Ihre Arme sollten sich seitlich neben Ihrem Körper befinden.

Dies ist ein weiterer wichtiger Tipp für Frauen, von denen in vielen Kulturen erwartet wird, dass sie untergebener sind oder Männern untergeordnet: Weibliche Chefs müssen genauso wie ihre männlichen Kollegen Selbstbewusstsein ausstrahlen. Es besteht kein Grund, Ihre Beine zusammenzupressen oder Ihre Arme eng an Ihren Oberkörper zu drücken. Wenn Sie sich hinter einem Tisch oder Schreibtisch befinden, sollten Sie die Materialien darauf ausbreiten. Wenn Sie stehen, sollten Sie wenigstens einen schulterbreiten Stand einnehmen, besser noch hüftbreit. Ihre Füße befinden sich fest auf dem Boden.

Obwohl Sie mehr Raum einnehmen, wenn Sie die Hände in die Hüften stemmen, empfinden dies viele Menschen als aggressiv. Vermeiden Sie diese Pose. Versuchen Sie, Ihre Hände an den Fingerspitzen zusammenzuführen oder mehr mit Armen und Händen zu gestikulieren.

## 8. Gesichtsausdrücke inkl. Lächeln

Wahrscheinlich hat Ihnen Ihre Mutter das früher auch schon ständig gesagt und das aus gutem Grund. Ein Lächeln hilft Ihnen dabei, vertrauenswürdig zu gelten, was dazu führt, dass die Menschen Ihnen Aufmerksamkeit schenken und sich für Sie interessieren. Genau wie Machtposen hat auch ein Lächeln eine Rückkopplungsschleife: Ein Lächeln macht Sie glücklicher.

Ein Lächeln ist die Machtpose der Wahl für zahlreiche mächtige Menschen. Ein ehrliches Lächeln wirkt aufgeschlossen und zeugt von Sympathie und Vertrauenswürdigkeit. Ein herzliches Lächeln signalisiert, dass Sie sich für die andere Person interessieren.

Versuchen Sie, Ihrem Gegenüber nicht ins Gesicht zu gähnen! Sie können Langeweile nicht noch deutlicher signalisieren, auch wenn Ihr Gähnen möglicherweise einen anderen Grund hat.

## 9. Augenkontakt

Das bedeutet nicht, dass Sie Ihrem Gegenüber geradezu in die Augen starren sollen. Sie müssen vermeiden, zu lange auf den Boden zu schauen oder Ihr Gegenüber nicht direkt anzusehen, was ängstliche und ausweichende Gesten sind. Selbstbewusste Menschen schauen ihrem Gegenüber direkt in die Augen. Lassen Sie Ihren Blick nicht von Person zu Person oder im Raum umherschweifen, wenn Sie sich inmitten einer Unterhaltung befinden. Dadurch wirken Sie gelangweilt und desinteressiert.

Tragen Sie eine Brille? Wenn ja, dann wirken Sie arrogant, wenn Sie andere Menschen über den Rand Ihrer Brille ansehen. Wenn Sie sie stattdessen durch Ihre Gläser hindurch anschauen, ist dies viel freundlicher und aufgeschlossener.

Wenn Sie sich in einem geschlossenen Raum befinden, dann tragen Sie keine Sonnenbrille. Da die Menschen dadurch Ihre Augen nicht sehen können, sieht es so aus, als würden Sie etwas verbergen wollen.

Es ist einfach, mit Hilfe Ihrer Körpersprache sympathisch zu erscheinen. Sie können die Aufmerksamkeit von anderen Menschen auf sich ziehen, noch bevor Sie Ihren Mund öffnen. Und das Beste daran ist, dass Sie sich dafür in diesem Moment nicht sonderlich selbstsicher fühlen müssen. Sie können an Ihrer Selbstsicherheit arbeiten, indem Sie die oben erwähnten Techniken üben.

Selbstbewusstsein ist nicht dasselbe wie Arroganz. Selbstbewusst zu sein bedeutet nicht, sich als etwas Besseres zu fühlen oder ich-bezogen zu sein. Diese beiden Dinge sind nicht sonderlich sympathisch! Eine gewinnende Persönlichkeit ist aufgeschlossen, freundlich und vertrauenswürdig.

Ein weiterer Faktor, auf den Sie achten sollten, ist die Telefon-Etikette. Diese ist immer sehr hilfreich, vor allem jedoch besonders nützlich, wenn Sie mit einer Person sprechen, die vor der Smartphone-Ära aufgewachsen ist. Wenn Sie auf Ihr Smartphone schauen oder damit herumspielen, wenn eine andere Person gerade spricht, so können Sie äußerst respektlos wirken. Ihre Körpersprache sagt das zumindest aus, egal ob Sie es wirklich sind oder nicht.

Wenn Sie von anderen Menschen respektiert werden wollen, dann müssen Sie andere Menschen ebenfalls respektieren. Die Menschen respektieren niemanden, der sich selbst als Anführer bezeichnet, jedoch unhöflich ist, andere herabwürdigt oder ignoriert. Eine gute Telefon-Etikette ist von grundlegender Bedeutung. Wenn Sie sich in einem Gespräch befinden, dann müssen Sie nicht auf Ihr Smartphone schauen oder einen Anruf annehmen (außer wenn Sie Ersthelfer sind). Es ist ebenfalls unhöflich, in Anwesenheit anderer Menschen Anrufe entgegenzunehmen.

Die beste Möglichkeit, um einer anderen Person Ihr Interesse zu signalisieren, besteht darin, dass Sie sich auf Ihre gemeinsame Unterhaltung konzentrieren. Lassen Sie Ihren Blick nicht im Raum umherschweifen, schauen Sie nicht auf den Boden und überprüfen Sie Ihr Handy nicht ständig, wenn jemand Ihrem Instagram-Post einen Like gegeben hat. Checken Sie auch nicht alle zwei Sekunden Ihre E-Mails, sondern schenken Sie Ihrem Gegenüber Aufmerksamkeit, seien Sie ehrlich an ihm interessiert, lächeln Sie und halten Sie Augenkontakt. Wenn Sie das tun, dann wird Ihr Gegenüber überzeugt sein, dass Sie eine tolle Persönlichkeit haben!

Eine selbstbewusste Körpersprache ist die Sprache von erfolgreichen, charismatischen Personen. Und Sie können diese Sprache erlernen, indem Sie die oben erwähnten Techniken verwenden.

## Zusammenfassung des Kapitels

- Erfolgreiche Menschen zu beobachten ist eine gute Möglichkeit, um herauszufinden, wie andere Menschen Selbstbewusstsein ausstrahlen.
- Um Ihr Selbstbewusstsein zu verbessern, sollten Sie mächtige und erfolgreiche Menschen im Fernsehen oder im Internet beobachten und sie so gut wie möglich nachahmen.
- Selbstbewusstsein ist eine Eigenschaft, die Sie erlernen können. Das Vortäuschen von Selbstbewusstsein führt dazu, dass Sie tatsächlich selbstsicherer werden.
- Bestimmte Gesten wie ein fester Händedruck und kontrollierte Armbewegungen lassen Sie selbstsicherer erscheinen. Dasselbe gilt für Augenkontakt und ein ehrliches Lächeln.
- Üben Sie eine selbstbewusste Körpersprache, um die Aufmerksamkeit von anderen Menschen zu erlangen.

Im nächsten Kapitel werde ich Ihnen erklären, wie Sie die nonverbale Kommunikation dazu nutzen, um in der Öffentlichkeit zu sprechen. Stellen Sie sicher, dass Sie und Ihr Publikum wissen, wovon Sie sprechen, und dass es sich lohnt, Ihnen zuzuhören.

# KAPITEL 5:

# In der Öffentlichkeit sprechen und Präsentationen halten

Worin besteht der wichtigste Aspekt der nonverbalen Kommunikation, wenn Sie vor Publikum sprechen? Dass Sie Selbstbewusstsein ausstrahlen! Ihr Publikum möchte einen Experten sprechen hören, weswegen Sie sich wie einer verhalten müssen, und zwar egal, ob Sie sich selbstsicher fühlen oder nicht. Glücklicherweise ist Selbstbewusstsein etwas, das Sie vortäuschen können, und wenn Sie so tun, als seien Sie selbstsicher, dann werden Sie immer selbstsicherer werden!

Die meisten Menschen werden nervös, wenn sie vor Publikum sprechen müssen, und zwar insbesondere dann, wenn sie es nicht gewöhnt sind. Neben der nonverbalen Kommunikation, über die ich in diesem Kapitel sprechen werde, gibt es noch weitere Dinge, die Sie vor einer Rede vorbereiten müssen. Zunächst einmal müssen Sie Ihre wichtigsten Punkte kennen. Wenn Sie versuchen, sich an diese Punkte zu erinnern, oder Ihre Präsentation einfach nur ablesen, führt dies zu einer schlechten Körpersprache, weswegen Sie dies vermeiden sollten. Und Sie sollten sicherstellen, dass Sie Ihre Rede vorher üben. Wie viel Zeit benötigen Sie hierfür? Stellen Sie sicher, dass Sie genügend Zeit für Ihre einstudierte Rede haben.

Eine gute Vorbereitung wird Ihnen dabei helfen, sich selbstsicherer zu fühlen. Und es gibt noch weitere Möglichkeiten, bei denen Ihre Körpersprache Ihnen dabei helfen wird, ein besserer Präsentator und Redner zu werden.

# Wie Sie den Raum betreten

Sie kennen wahrscheinlich den Spruch, dass es keine zweite Chance für den ersten Eindruck gibt. Dieser Spruch scheint zwar ein bisschen klischeehaft zu sein, ist aber wahr. Ihre Präsentation vor Publikum beginnt in dem Moment, in dem Sie sich in der Öffentlichkeit befinden! Wenn jemand Sie beim Betreten des Raumes beobachtet, muss er Ihre Selbstsicherheit sofort wahrnehmen können.

Jedes Mal, wenn Sie vor einem Publikum stehen, ist es wichtig, aufrecht zu stehen und eine gute Körperhaltung zu haben. Herabhängende Schultern bringen Ihnen keinen Respekt ein. Verlagern Sie im Stehen Ihr Gewicht auf beide Füße. Dies hilft Ihnen dabei, still zu stehen und nervöse Bewegungen zu vermeiden. Denken Sie daran, dass übermäßige Bewegungen den Eindruck erwecken, schwach und machtlos zu sein. Genau das möchten die Leute, die Ihnen zuhören, nicht sehen.

Vermeiden Sie es, beim Gehen zu schlurfen. Sie wirken dann so, als ob Sie nicht wüssten, wohin Sie gehen! Heben und senken Sie Ihre Füße bewusst. Hier ein Trick: Es sollte immer so aussehen, als ob Sie genau wüssten, wohin Sie gehen. Es spielt keine Rolle, ob das wirklich stimmt oder nicht. Sie müssen nur diesen Eindruck erzeugen.

Genauso wie es keine gute Idee ist, auf den Boden zu schauen, wenn Sie sich mit einer Person unterhalten, sollten Sie ebenfalls nicht nach unten schauen, wenn Sie einen Raum betreten. Halten Sie Ihren Kopf gerade und Ihren Blick nach vorne gerichtet. Dadurch erlangen Sie Respekt von Ihren Mitmenschen. Es ist ebenfalls keine gute Idee, Arroganz auszustrahlen. Dadurch werden Sie angeberisch anstatt zuversichtlich erscheinen. Und seien Sie nicht unhöflich! Vermeiden Sie es, anderen Menschen zu nahe zu kommen und sie anzurempeln.

## Vorbereitung und Beginn der Präsentation

Gehen Sie mit selbstbewussten Schritten auf das Rednerpult zu oder wo immer Sie sprechen. Geben Sie sich und dem Publikum einen Moment Zeit, um sich zu entspannen, bevor Sie anfangen zu reden. Verlagern Sie Ihr Gewicht gleichmäßig auf beide Füße. Nehmen Sie Augenkontakt mit den Zuschauern auf. Atmen Sie tief ein, um Ihren Körper zu beruhigen, damit Ihre Nervosität Sie nicht übermannt.

Wenn Sie zum ersten Mal eine Präsentation halten, fühlen Sie sich möglicherweise sicherer, wenn Sie hinter dem Rednerpult bleiben. Sie können Ihre Hände auf dem Rednerpult ablegen, um zu vermeiden, mit den Händen herumzuzappeln, insbesondere wenn Sie ein Mensch sind, der sich viel bewegt, wenn er nervös ist. Wenn Sie fest an einer Stelle stehen, fühlen Sie sich möglicherweise geerdet. Außerdem haben Sie jedes Mal, wenn Sie einen kurzen Blick nach unten werfen, Ihre Notizen genau vor Ihren Augen.

Das Publikum mag es jedoch, wenn Sie den Schutzschild oder die Barriere zwischen sich und dem Publikum entfernen, indem Sie sich auf der Bühne umherbewegen. Eine Eigenart der menschlichen Natur ist, dass wir Menschen mögen, die uns physisch näher sind. Wenden Sie sich also direkt an Ihr Publikum, insbesondere wenn Sie Ihren Vortrag bereits einige Male gehalten haben und ihn ziemlich gut kennen. Sie können einen bestimmten Punkt hervorheben, indem Sie auf das Publikum zugehen, um dieses Argument zu verstärken und dann zu Ihrem Ausgangspunkt zurückkehren.

Wenn Sie Ihre Schlüsselargumente bringen, dann sollten Sie sich dabei nicht bewegen. Liefern Sie Ihre Schlüsselargumente dann, wenn Sie sich direkt vor Ihrem Publikum befinden und dabei stillstehen. Denken Sie daran, dass Stille Autorität vermittelt. Wenn Sie also fest an einer Stelle stehen, kann sich das Publikum auf Ihre Worte konzentrieren. Vervollständigen Sie den Gedanken oder die Idee, bevor Sie sich weiter auf der Bühne umherbewegen.

Auch durch Gesten können Sie wichtige Teile Ihres Vortrags unterstreichen. Wenn Sie natürliche Bewegungen bei Anekdoten verwenden, über die Sie berichten, wirken Sie dadurch selbstsicherer. Sprechen Sie über einen Anstieg? Dann heben Sie dabei Ihren Arm, jedoch nicht höher als Ihre Schultern. Wenn Sie sich nicht sicher sind, welche Gesten natürlich aussehen oder zu Ihrem Vortrag passen, suchen Sie im Internet nach einer Person, die über Ihr Thema spricht. Achten Sie genau auf diesen Vortrag. Sehen die Gesten natürlich aus? Helfen die Gesten dabei, das Thema zu verdeutlichen? Wenn ja, dann üben Sie diese Gesten.

Wie bei vielen körpersprachlichen Kommunikationsarten müssen Sie ein passendes Gleichgewicht finden. Gestikulieren Sie, aber nicht zu viel! Gestikulieren Sie nur, um damit Fachwissen zu signalisieren. Wenn Sie es übertreiben, dann sehen Sie nervös und unsicher aus. Wenn Sie Ihr Gewicht ständig von einem Bein auf das andere verlagern, sich permanent im Gesicht oder am Hals berühren, immerzu Ihre Haare zurechtrücken und wiederholt mit Ihrem Stift klicken, dann sind dies nervöse Gesten. Während Sie sich nicht so regungslos verhalten sollten, dass das Publikum Sie für einen Roboter hält, sollten Sie gleichzeitig nicht so viele Gesten machen, dass Sie unberechenbar und nicht vertrauenswürdig wirken. Ihre Bewegungen sollten zurückhaltender Natur sein.

Angenommen, Sie haben sich einige Videos angesehen und kennen die wichtigsten Punkte, über die Sie sprechen möchten. Wie integrieren Sie nun Gesten in Ihren Vortrag? Suchen Sie beim Schreiben oder bei der Gliederung Ihres Vortrags (effektive Präsentationen werden normalerweise nicht wortwörtlich aufgeschrieben) nach Stellen, an denen Gesten Ihre Präsentation bereichern würden.

Wo hat die Person in dem Internetvideo, das Sie sich angesehen haben, Gesten verwendet, um ihren Vortrag zu verbessern? Haben Sie Anekdoten oder Geschichten, bei denen gewisse Gesten passen würden? Was sind die wichtigen Punkte, die Ihr Publikum aus Ihrem Vortrag mitnehmen soll? Verstärken Sie diese Punkte mit Ihrer Körpersprache.

Wenn Sie wissen, welche Bewegungen Sie verwenden möchten, wird Ihr Vortrag um Längen besser. Und das ist noch nicht alles! Durch die Gesten wissen Sie auch, was Sie während Ihrer Präsentation mit Ihren Händen tun sollen. Wenn Sie während Ihres Vortrags Ihre Hände starr vor Ihrem Schritt halten, sehen Sie so ziemlich alles außer selbstbewusst aus! Wenn Sie dagegen Ihre Hände und Arme für Bewegungen verwenden, dann kann dies nicht passieren.

Nutzen Sie die Kraft der Emotionen, während Sie Ihren Vortrag entwickeln. Wenn beispielsweise Brené Brown eine Rede hält, deutet sie oft auf ihr Herz. Dadurch wirkt sie ernst und signalisiert, dass sie aus ihrem Herzen spricht.

Menschen treffen Entscheidungen auf der Grundlage von Emotionen und begründen sie anschließend mit Fakten. Wenn Sie Ihr Publikum dazu bringen können, etwas zu fühlen, dann wird es Ihnen mehr Aufmerksamkeit schenken. Dies führt wiederum dazu, dass Sie sich während Ihres Vortrags sicherer und selbstbewusster fühlen.

Welche Emotionen verbinden Sie mit dem Thema des Vortrags? Welche Gefühle soll Ihr Publikum verspüren? Wie können Sie Ihre Körpersprache dazu nutzen, um diese Gefühle auszudrücken? Schauen Sie sich das Internetvideo über Ihr Vortragsthema nochmals unter diesem Aspekt an, um weitere Anregungen zu halten. Je emotionaler Ihr Publikum mit dem Vortrag verbunden ist, desto wahrscheinlicher ist es, dass es so reagiert, wie Sie es möchten.

Sie üben Ihre Rede sicherlich ein, oder? Dasselbe gilt für Ihre Bewegungen. Üben Sie Ihren Vortrag zusammen mit den Bewegungen, von denen Sie denken, dass sie Ihre Präsentation mitreißender und besser machen. Sie können vor einem Spiegel üben oder sich mit einer Kamera aufnehmen. Passen Ihre Bewegungen zu Ihren Worten? Gibt es noch mehr Stellen, an denen Sie Gesten verwenden können? Effektive Sprecher nutzen mehr Bewegungen während ihrer Vorträge als weniger effektive Redner. Integrieren Sie mehr Bewegungen, um die Bedeutung oder den Einfluss Ihrer Worte zu bekräftigen.

## Die grundlegende Körpersprache, um einen Vortrag zu meistern

Wenn Sie Ihre Rede einstudiert und sich für Ihre Gesten entschieden haben, dann sollten Sie sicherstellen, dass Sie sich mit dem Publikum beschäftigen, wenn Sie Ihren Vortrag halten. Ihr Publikum ist nur gekommen, um Sie zu hören (und zu sehen). Es nimmt sich dafür extra Zeit, also sollte sich Ihr Vortrag auch lohnen. Ihr Publikum sollte nicht das Interesse an dem verlieren, was Sie sagen. Achten Sie darauf, dass sich Ihr Publikum vollständig auf Sie konzentriert und nicht auf die Bäume vor dem Fenster oder auf seine Mobiltelefone.

Wie können Sie das schaffen? Und wieder einmal ist die Körpersprache die Lösung! Wenn Sie die Macht Ihrer Körpersprache bestmöglich nutzen, fühlen sich die Menschen von Ihnen angezogen.

Mussten Sie sich schon einmal den Vortrag eines wirklich langweiligen Redners anhören? Falls ja, haben Sie ihm die ganze Zeit über zugehört oder haben Sie irgendwann einmal abgeschaltet? Haben Sie den Redner im Auge behalten oder haben Sie aus dem Fenster gestarrt, in Ihr Notizbuch gekritzelt oder Spiele auf Ihrem Handy gespielt? Wollten Sie am liebsten aus dem Raum flüchten? Ein solcher Vortrag fühlte sich wahrscheinlich wie reine Zeitverschwendung an, selbst wenn der Inhalt interessant oder sogar relevant war.

Seien Sie selbst kein langweiliger Redner. Vermutlich hat dieser Redner die ganze Zeit über von seinen Notizen abgelesen, vielleicht sogar in einer monotonen Stimme. Vermutlich hat er Sie erst

gar nicht angesehen oder sogar seine Folien Wort für Wort vorge-
lesen.

Es ist möglich, dass dieser Vortrag so langweilig war, dass Sie
sich nicht einmal mehr an den Namen des Vortragenden erinnern
konnten. Oder Sie haben sich seinen Namen notiert, damit Sie nie
wieder einen Vortrag von ihm besuchen. Können Sie sich an einen
Punkt aus dem Vortrag erinnern oder haben Sie nach einigen Minuten völlig abgeschaltet?

Eben! Denken Sie darüber nach, was dieser Redner gemacht
hat ... und machen Sie genau das Gegenteil! Hier sind sechs Möglichkeiten, wie Sie Ihre nonverbalen Fähigkeiten dazu nutzen, um
Ihre Präsentationen vor Publikum zu verbessern. Egal, ob Sie etwas präsentieren oder eine Rede halten, diese Ratschläge werden
Ihnen dabei helfen, einen besseren Eindruck zu machen.

## 1. Finden Sie ein gesundes Maß an nervöser Energie

Sie werden vermutlich nicht die Ruhe selbst sein. Auch er-
fahrene Redner sind nervös, bevor sie eine Bühne betreten oder
einen Vortrag halten. Eine gewisse Energie ist sogar gut für
Ihre Präsentation. Ein wenig Stress ist gut. Die Neurotransmitter und Hormone aus dem ersten Kapitel helfen Ihnen dabei,
sich zu konzentrieren und erhöhen Ihre Durchblutung und Ihren Herzschlag.

Doch zu viel Stress führt dazu, dass Sie am ganzen Körper
zittern und eine nervöse Körpersprache haben. Das richtige
Gleichgewicht ist der Schlüssel!

Versuchen Sie, tiefe Atemzüge zu nehmen, die Sie sogar in
Ihrem Bauch spüren können. Atmen Sie langsam ein und wieder aus. Sie können die Atemübung auch mit Entspannungstechniken kombinieren. Ballen Sie Ihre Fäuste beim Einatmen
und entspannen Sie sie wieder beim Ausatmen. Wenn Sie Ihre
angespannten Muskeln lösen, denkt Ihr Gehirn, dass Sie entspannt sind. Und dann werden auch die chemischen Botenstoffe, die die Angst auslösen, langsam weniger werden.

Diese Entspannungstechniken sollten Sie am besten hinter der Bühne oder zumindest nicht in Sichtweite Ihres Publikums machen. Denken Sie daran: Sie versuchen, ruhig, cool, sympathisch und entspannt zu wirken. Ihr Publikum muss Ihnen nicht dabei zusehen, wie Sie mit Ihrer Nervosität zu kämpfen haben.

## 2. Vermeiden Sie es, Ihrem Publikum den Rücken zuzuwenden

Wir Menschen achten stark auf Gesichter. Auf diese Art und Weise erhalten wir Informationen über andere Menschen. Tatsächlich ist unser Gehirn so daran gewöhnt, nach Gesichtern zu suchen, dass wir Gesichter auch in leblosen Objekten wie dem Mond, in Früchten oder sogar in Toastbrot erkennen (dieser Effekt ist als Pareidolie bekannt).

Unsere Faszination für Gesichter ist auch der Grund, warum Sie als Passant im Gegensatz zu Radfahrern stets auf den Verkehrsfluss zulaufen sollten, wenn Sie auf einer Straße gehen. Die Wahrscheinlichkeit ist dadurch höher, dass andere Menschen Ihr Gesicht sehen und erkennen, dass Sie ein Mensch sind, und Sie nicht umfahren!

Gesichter und Gesichtsausdrücke sind ein wichtiger Bestandteil der Kommunikation. Menschen lesen Emotionen nicht aus den Worten einer anderen Person, sondern aus ihrer Körpersprache. Wenn jemand Ihre Körpersprache nicht lesen kann, kann es passieren, dass diese Person die Nachricht, die Sie übermitteln möchten, nicht versteht oder falsch interpretiert. Ihr Publikum muss in der Lage sein, während Ihres Vortrags Ihr Gesicht zu sehen, damit es versteht, was Sie sagen.

Wenn Sie sich von den Personen abwenden, mit denen Sie sprechen, wird auch Ihre Verbindung zu ihnen unterbrochen. Haben Sie sich jemals mit einer Person verbunden gefühlt, die Ihnen den Rücken zudreht? Natürlich nicht! Wir Menschen gehen nur Verbindungen mit anderen Menschen ein, deren Gesichter wir sehen können. Warum sind Webinare und Online-Video-Chats so beliebt? Weil sich die Anrufer so gegenseitig sehen können.

Damit Ihre Zuhörer bei der Sache bleiben, müssen Sie eine Verbindung zu ihnen aufbauen. Und damit das geschieht, dürfen Sie ihnen nicht Ihren Rücken oder Ihr Profil zuwenden. Ihr Publikum muss Sie direkt von vorne sehen.

### 3. Lesen Sie nicht von Ihren Notizen ab

Haben Sie jemals eine Präsentation mit einem großartigen Redner gesehen, entweder live oder auf Video? Jemand, der Ihre Aufmerksamkeit voll und ganz auf sich gezogen hat? Doch wie hat er das gemacht? Vermutlich hat dieser Redner sehr selten auf seine Notizen geblickt und größtenteils frei zum Publikum gesprochen. Sicherlich hat dieser Redner Augenkontakt mit seinen Zuhörern aufgebaut und mit ihnen interagiert.

Wenn Sie auf Ihre Notizen starren, können Sie nicht mit Ihren Zuhörern interagieren. Wie bauen Sie eine Verbindung zu anderen Menschen auf? Nicht, indem Sie sie nicht ansehen, und schon gar nicht, indem Sie nur auf das Rednerpult vor Ihnen blicken.

Wenn Sie nicht aufschauen, sehen Sie außerdem unsicher aus. Wenn Sie die ganze Zeit Ihre Notizen im Auge behalten, sieht es so aus, als ob Sie Ihren Vortrag nicht gut kennen. Im Gegensatz dazu weiß jemand, der kaum oder gar nicht auf seine Notizen blickt, eindeutig, wovon er spricht!

Sie müssen die wichtigsten Punkte, über die Sie sprechen möchten, unbedingt auswendig kennen. Schreiben Sie nur Schlüsselwörter und -sätze auf Ihre Notizzettel, damit Sie keinen der Punkte vergessen. Auf diese Weise können Sie einfach gelegentlich auf Ihre Notizen schauen, um sicherzustellen, dass Sie nichts vergessen haben. Dadurch hat Ihr Publikum das Gefühl, dass Sie ein kompetenter und sachkundiger Redner sind.

## 4. Sehen Sie Ihr Publikum direkt an, anstatt nur Ihren Blick schweifen zu lassen

Wenn Sie Ihren Blick über die Köpfe der Menschen schweifen lassen, während Sie sprechen, bricht Ihre Verbindung zu Ihrem Publikum ab. Ihre Zuhörer merken, dass Sie über sie hinweg schauen und sie nicht direkt ansehen. Denken Sie, dass Sie dadurch selbstsicher wirken? Auf keinen Fall! Sie wirken höchstwahrscheinlich sehr nervös.

Denken Sie daran, dass Sie ein Experte für all die Dinge sind, über die Sie sprechen. Auch wenn Sie sich nicht selbstsicher fühlen, so müssen Sie dennoch selbstsicher wirken. Stellen Sie Augenkontakt mit bestimmten Personen im Publikum her. Dies machen alle selbstbewussten Sprecher so, die ihr Thema kennen. Selbst die Zuhörer, die Sie in diesem Moment nicht ansehen, werden Ihre Expertise dadurch respektieren.

Durch Augenkontakt wird auch eine direkte Verbindung zwischen Ihnen und der Person hergestellt, die Sie anschauen. Sie sind zwar die einzige Person, die gerade spricht, und doch fühlt sich Ihr Vortrag auf diese Weise eher wie ein Dialog als ein Monolog an. Auf diese Art und Weise erhält dieser bestimmte Zuhörer den Eindruck, dass Sie die Probleme kennen, die er durchgemacht hat, und dass die Lösung, über die Sie gerade sprechen, speziell für diese bestimmte Person entwickelt wurde.

Halten Sie wie beim Bewegen auf der Bühne Augenkontakt für einen ganzen Satz oder Gedanken, bevor Sie zur nächsten Person und Idee übergehen. Andernfalls wird die Verbindung unterbrochen oder der Augenkontakt scheint eher zufällig als beabsichtigt zu sein.

### 5. Ihr Körper sollte Ihrem Publikum stets zugewandt sein und Sie sollten die zuvor eingeübten Gesten verwenden

Wenn Sie defensiv oder verschlossen erscheinen, sehen Sie so aus, als ob Sie am liebsten woanders wären oder als ob Sie nicht hinter Ihren Aussagen stehen. In beiden Fällen handelt es sich also nicht um eine positive Nachricht. Dies deutet darauf hin, dass Sie sich Ihrer Botschaft nicht sicher sind und sich nicht mit Ihrem Publikum beschäftigen möchten.

Auch wenn das oben Gesagte zutrifft, so möchten Sie dies Ihren Zuhörern dennoch nicht mitteilen! Vermeiden Sie es, die Arme zu verschränken oder Ihre Notizen wie einen Schutzschild zwischen sich und dem Publikum zu halten. Dies ist ebenfalls ein weiterer Grund, um hinter dem Rednerpult hervorzutreten, da es nun keinen Schutzschild mehr zwischen Ihnen und dem Publikum gibt. Hierbei handelt es sich zwar um eine verletzliche Position, doch wenn Sie dies absichtlich tun, signalisieren Sie damit Vertrauen.

Bewegen Sie sich umher. Wenn Sie einem Redner dabei zusehen müssen, wie er absolut regungslos auf der Bühne steht und sich nicht bewegt, so ist das langweilig! Wenn Sie sich dem Publikum körperlich nähern, wirken Sie ebenfalls sympathischer. Je näher Sie Ihrem Publikum auch physisch sind, desto besser ist die Verbindung zwischen Ihnen und Ihren Zuhörern. Natürlich müssen Sie Ihren Vortragsinhalt sehr gut kennen, um Ihre Notizen auf dem Rednerpult liegen lassen und sich ein wenig auf der Bühne umherbewegen zu können.

Wenn Sie sich auf Ihre Zuhörer zu bewegen, um eine wichtige Aussage zu machen, sollten Sie darauf achten, dass Sie sich nun nicht mehr bewegen, während Sie Ihre Aussagen erklären. Bleiben Sie still auf der Stelle stehen, bis Sie mit Ihrer Ausführung fertig sind. Danach können Sie wieder an den Ausgangspunkt zurückkehren.

Gesten zu verwenden kann eine große Wirkung entfalten, insbesondere wenn Sie still stehen. Sie haben diese Bewegungen vorher einstudiert, weswegen sie natürlich aussehen und an den richtigen Stellen während Ihres Vortrags eingesetzt werden. Sie heben also beispielsweise Ihren Arm nicht, wenn Sie über einen Einbruch der Zahlen sprechen. Viele Menschen benutzen auch in ihrem Privatleben viele Gesten. Wenn Sie zu diesen Menschen gehören, dann nur weiter so. Ihre natürlichen Bewegungen lassen Sie authentisch erscheinen.

Je mehr geeignete Bewegungen Sie während Ihres Vortrags verwenden, desto besser. Zuhörer finden Redner, die mehr Gesten benutzen, besser als solche, die wenig gestikulieren. Wie überall ist hier jedoch auch das richtige Maß wichtig! Wenn Sie während Ihrer Präsentation wie wild mit Ihren Armen herumfuchteln, wird dadurch Ihr Vortrag auch nicht besser.

## 6. Vermeiden Sie Machtposen *während* des Vortrags

Ich habe die Auswirkungen von Machtposen bereits im vorherigen Kapitel erörtert. Wenn Sie eine Machtpose einnehmen, fühlen Sie sich selbstsicherer und können selbstbewusster auftreten. Je selbstsicherer Sie sind, desto mehr Menschen werden auf Sie reagieren. Wenn Sie sich nervös fühlen oder einen kleinen Selbstbewusstseinsschub benötigen, können Sie hinter der Bühne ein paar Machtposen ausführen und einige Sekunden lang halten. Achten Sie jedoch darauf, dass Sie außer Sichtweise des Publikums sind.

Wieso außer Sichtweise des Publikums? Wie bereits erwähnt, möchten die Leute nicht sehen, wie Sie versuchen, selbstbewusster zu wirken. Sie wollen eine selbstbewusste Person sehen, sobald diese die Bühne betritt.

Zudem sehen die meisten Machtposen aggressiv aus. Die Superman-Pose, bei der Sie im breiten Stand dastehen und die Hände in die Hüften stemmen, wirkt bedrohlich. Als Redner möchten Sie, dass das Publikum Sie und Ihr Selbstbewusstsein respektiert. Sie wollen nicht, dass Ihre Zuhörer das Gefühl haben, dass Sie sie dominieren oder einschüchtern wollen.

Ein guter Redner versucht nicht, das Publikum zu etwas zu zwingen, auch wenn seine Rede eine Aufforderung beinhaltet, was bei den meisten Reden dazugehören sollte. Sie möchten, dass Ihre Zuhörer das Gefühl haben, dass das, was Sie ihnen sagen, wertvoll für sie ist. Nur aus diesem Grund sollten Ihnen Ihre Zuhörer zuhören und nicht, weil Sie sie einschüchtern.

## Charisma und Körpersprache

Sie haben wahrscheinlich bereits von charismatischen Menschen gehört und vielleicht sogar eine Person getroffen, die viel Charisma besitzt. Der frühere US-Präsident Bill Clinton ist für sein Charisma bekannt. Immer wenn er mit einer Person sprach, egal um wen es sich handelte – Lastwagenfahrer, Kellner, politische Gegner –, gab er diesen Personen stets das Gefühl, die einzige Person im Raum zu sein.

Wir Menschen hören gerne charismatischen Personen zu und lernen von ihnen. Meistens fällt es uns leichter, mit charismatischen Personen eine Verbindung aufzubauen als mit weniger charismatischen Menschen. Selbst wenn Sie sich nicht sicher sind, ob Sie im Moment über diese Eigenschaft verfügen, so können Sie sie glücklicherweise genauso lernen und üben, wie Sie es mit der Körpersprache tun.

Wie wird Charisma definiert? Es handelt sich hierbei um die Kombination von drei Faktoren: Präsenz, Macht und Herzlichkeit.

Präsenz bedeutet, sich ganz in diesem Augenblick zu befinden. Wenn Sie mit einer Person sprechen, so konzentrieren Sie sich nur auf sie. Genauso wie Clinton es vorgemacht hat, sollen Sie so tun, als wäre die Person, mit der Sie gerade sprechen, die einzige Person im Raum. Schauen Sie nicht auf Ihr Telefon, blicken Sie nicht auf Ihre Schuhe und halten Sie nicht Ausschau, ob noch eine interessantere Person den Raum betreten hat. Präsent zu sein ist ebenfalls eine Möglichkeit, um Respekt zu signalisieren und mit seinem Gegenüber eine Verbindung aufzubauen. Sie können keine Beziehung zu einer anderen Person, geschweige denn mit einem Publikum, aufbauen, wenn Sie gedanklich nicht bei der Sache sind.

Macht ist die Fähigkeit, andere zu beeinflussen. Pure Macht ist nicht einnehmend oder sympathisch. Pure Macht verkörpert der Rüpel, der Ihnen das Geld für das Mittagessen wegnehmen kann, weil er größer ist als Sie. Ohne die Komponenten Präsenz und Herzlichkeit ist Macht dominierend, aggressiv und konfrontativ. Es ist schwierig, mit einer solchen Person eine Verbindung aufzubauen. Der springende Punkt einer Präsentation ist jedoch, tatsächlich eine Verbindung zu Ihrem Publikum herzustellen und es dazu zu bringen, Ihrem Aufruf zum Handeln zu folgen oder was auch immer der Sinn Ihres Vortrags ist. Mit anderen Worten ausgedrückt: Ihre Präsentation sollte das Publikum in eine Position bringen, in der Sie es beeinflussen können.

Durch Herzlichkeit erscheinen Sie freundlich und nahbar. Wenn Sie jedoch nur herzlich sind, wird Ihnen diese Eigenschaft nicht dabei helfen können, erfolgreich zu sein. Sympathisch und herzlich zu sein ist eine tolle Charaktereigenschaft, reicht jedoch nicht aus. Wenn Sie Herzlichkeit jedoch mit Präsenz und Macht kombinieren, wird eine runde Sache daraus. Sie sind nicht überheblich, jedoch auch kein Fußabtreter. Sie werden ein nahbarer Anführer, der seinen Einfluss dazu verwendet, um anderen Leuten zu helfen, und nicht, um ihnen zu schaden.

Jeder kann daran arbeiten, mehr Charisma zu entwickeln. Vermutlich werden Sie kein zweiter Bill Clinton werden, jedoch ist es möglich, Ihre Präsenz zu verbessern, indem Sie aufmerksam sind, wenn Sie mit anderen Menschen reden. Wenn Sie selbstsicherer sind, können Sie auch andere Menschen besser beeinflussen. Und selbst wenn Sie von Natur aus kein enthusiastischer und fröhlicher

Mensch sind, so können Sie dennoch Ihre Körpersprache verwenden, um ein wenig herzlicher zu wirken. Bei der Entwicklung von Charisma geht es darum, die Hindernisse für die Verbesserung dieser drei Eigenschaften zu überwinden. Ich habe dies in drei Schritten zusammengefasst.

1. **Fühlen Sie sich wohl, auch wenn Sie sich unwohl fühlen.**

   Es ist normal, dass Sie sich manchmal unwohl fühlen, das geht jedem Menschen hin und wieder so. Sie sind da keine Ausnahme, weswegen Sie sich davon nicht behindern lassen sollten. Atemübungen, Meditation und ein wenig Gelassenheit helfen Ihnen dabei, das Unwohlsein auszuhalten, bis Sie sich daran gewöhnt haben.

   Wenn Sie ein herzlicher Mensch sind, jedoch über wenig Macht verfügen, dann kann es sich merkwürdig anfühlen, Ihre Fähigkeit zu verbessern, andere Menschen zu beeinflussen. Das ist vollkommen in Ordnung, bedeutet jedoch nicht, dass Sie nicht weiter daran arbeiten sollten.

2. **Verwandeln Sie negative in neutrale Gedanken.**

   Ein Gedanke ist nur ein Produkt einiger zufälliger Gehirnsignale und nicht unbedingt wahr. Wenn Sie eine innere Stimme haben, die immerzu kritisch ist, geben Sie ihr einen Namen. Es sind nicht Sie, der diese negativen Gedanken denkt oder übermäßig kritisch ist, es ist einfach nur die negative Natalie oder die negative Nellie.

   Wenn Ihre negative Stimme auftaucht, dann wissen Sie, dass es nur die negative Natalie ist, die da spricht! Vielleicht sagt Natalie so etwas wie: „Ich kann das nicht." Diese Aussage in einen neutralen Gedanken zu verwandeln, könnte ungefähr so aussehen: „Ich kann das zwar jetzt noch nicht tun, ich werde jedoch lernen, wie es geht." Oder: „Ich kann das jetzt nicht tun, weil ich nicht die Zeit habe, um diese Sache anzugehen und das ist in Ordnung." Oder auch: „Ich kann das nicht und ich muss es auch nicht, wenn ich nicht will."

3. **Suchen Sie das Positive! Wenn Sie den negativen Gedanken identifiziert haben, finden Sie das Positive an der Situation. Können Sie sich eine Möglichkeit vorstellen, bei der sich das Ganze zum Besseren entwickeln wird?**

Wenn die negative Nellie ankommt mit „Ich schaffe das nicht", dann könnte die positive Aussage sein: „Ich schaffe es im Moment nicht, ich lerne jedoch, wie ich es schaffen kann, und in einigen Monaten werde ich es schaffen." Oder: „Ich kann es nicht schaffen, aber ich kann stattdessen etwas anderes tun, was mein Leben besser macht."

Keiner dieser Vorschläge sagt aus, dass die negativen Gedanken ignoriert werden sollen, da Ihnen dies eigentlich nicht weiterhilft. Ihr Gehirn weiß immer noch, dass diese negativen Gedanken da sind. Wenn Sie Ihre negativen Gedanken anerkennen und sie in neutrale und später in positive Gedanken umwandeln, kommen Sie besser mit Ihren negativen Gedanken klar.

Sie können jedoch auch die Barrieren abbauen oder die Hindernisse überwinden, um Ihr gewünschtes Charisma zu entwickeln. Es gibt zahlreiche körpersprachliche Bewegungen, die Ihnen dabei helfen können.

Einige dieser Bewegungen habe ich Ihnen bereits in vorherigen Absätzen oder Kapiteln verraten. Behalten Sie zum Beispiel eine gute Körperhaltung bei, ohne sich dabei kleiner zu machen, als Sie wirklich sind. Auch das ist eine Machtpose. Denken Sie daran, dass Menschen von einer Person beeinflusst werden möchten, die selbstbewusst ist. Eine aufgeschlossene und offene Körpersprache ohne Verteidigungshaltung ist eine großartige Möglichkeit, um Selbstsicherheit zu projizieren.

Seien Sie wie James Bond. Möchte er anderen Menschen gefallen? Haben Sie das Gefühl, dass er die Bestätigung von anderen

Menschen braucht? Natürlich nicht. Er ist das Paradebeispiel für Selbstsicherheit! Seine Körperhaltung ist erhaben und selbstbewusst, nicht zappelig oder unruhig. Er ist ein großartiges Vorbild für all diejenigen, die charismatisch sein wollen, ohne dabei jedoch arrogant zu wirken. Streben Sie jedoch wie immer nach einem Gleichgewicht. Übertreiben Sie es nicht und seien Sie nicht unnahbar und distanziert! Denken Sie daran, dass Macht durch Herzlichkeit und Präsenz abgemildert werden muss.

Ein großartiger Schritt, um Ihr Charisma zu verbessern, besteht darin, die Person zu spiegeln, mit der Sie sprechen, wenn sich diese in einer positiven Stimmung befindet! Wenn diese Person ihre Schultern hängen lässt und ihren Blick abwendet, dann sollten Sie ihre Körpersprache nicht widerspiegeln. Aber Sie können trotzdem eine Geste nachahmen, wie zum Beispiel eine Handbewegung. Sie müssen nicht genau dieselbe Geste nachahmen, sondern sie einfach nur verstärken oder in einem kleineren Umfang nachmachen. Spiegeln Sie normale Gesten, die sich für Sie angenehm anfühlen. Wenn Ihr Gesprächspartner etwas Ungewöhnliches tut oder etwas, das nicht zu Ihnen passt, müssen Sie es nicht spiegeln.

Das Spiegeln anderer Personen hilft Ihnen beim Präsenz-Aspekt. Um nachzuahmen, was Ihr Gegenüber tut, müssen Sie sich dessen bewusst sein. Wenn Sie auf Ihre Schuhe starren oder sich nach dem Ausgang umsehen, werden Sie die Bewegungen verpassen, die Ihr Gegenüber macht. Durch das Spiegeln der Bewegungen Ihres Gegenübers wirken Sie zudem auf ihn herzlicher. Wir ahmen solche Menschen nach, die wir mögen. Wenn Sie Ihr Gegenüber spiegeln, müssen Sie ihn also mögen. Und wenn Sie Ihr Gegenüber mögen, sind die Chancen höher, dass auch er Sie herzlich und freundlich findet.

Was ist jedoch, wenn Ihr Gegenüber wütend ist? Imitieren Sie besser keine geballten Fäuste oder konfrontative Haltungen! Durchbrechen Sie die wütende Haltung Ihres Gegenübers, indem Sie ihn dazu bringen, etwas zu halten. Bieten Sie ihm einen Drink an. Auf diese Weise muss Ihr Gegenüber seine Faust öffnen, um das zu nehmen, was Sie ihm anbieten. Nutzen Sie im Anschluss daran Ihre eigene positive Körpersprache. Lächeln Sie, stehen Sie mit einer aufrechten Körperhaltung da und benutzen Sie positive Handbewegungen. Sobald Ihr Gegenüber seine Ruhe wiedererlangt hat, können Sie ihn spiegeln.

Oder Sie entschließen sich dazu, sich vom Ort des Geschehens zu entfernen. Im nächsten Kapitel werde ich stärker darauf eingehen, wie Sie eine Verbindung mit Menschen aufbauen, für die Sie sich tatsächlich interessieren. Wenn Sie sich dazu entscheiden, keine Verbindung mit einer wütenden Person einzugehen, so ist diese Entscheidung völlig in Ordnung. Anstatt zu versuchen, die Stimmung einer anderen Person zu verändern, können Sie einfach den Ort des Geschehens verlassen. Vielleicht finden Sie an einem anderen Ort eine Person, mit der Sie stattdessen Ihr Charisma trainieren möchten.

## Zusammenfassung des Kapitels

Selbstbewusstsein ist der Schlüssel, wenn es darum geht, in der Öffentlichkeit zu sprechen. Vom Schein zum Sein lautet die Devise! Eine gute Idee besteht darin, sich selbst kurz vor der Präsentation nochmals einen Selbstbewusstseinsschub zu holen. Machen Sie dies jedoch außerhalb der Sichtweite Ihres Publikums.

- Betreten Sie einen Raum und eine Bühne so, als wüssten Sie genau, wohin Sie gehen möchten und was Sie dort zu tun haben.
- Beim Vorbereiten Ihres Vortrags sollten Sie ebenfalls die Körpersprache mit einbeziehen, die Ihre Worte unterstreichen soll. An welchen Stellen können Sie Gesten und Bewegungen verwenden? An welchen Stellen können Sie auf Emotionen zurückgreifen? Schauen Sie sich zur Inspiration einen guten Redner an, der über dasselbe Thema wie Sie spricht.

- Auch während des Vortrags sollten Sie Ihre Körpersprache beibehalten, sodass Ihr Publikum kontinuierlich das Gefühl hat, eine besondere Verbindung zu Ihnen zu haben. Stehen Sie aufrecht, nähern Sie sich Ihren Zuhörern und bauen Sie Augenkontakt auf.

- Charisma ist eine Fähigkeit, die Sie erlernen können und die auf den drei Faktoren Herzlichkeit, Macht und Präsenz basiert. Die Körpersprache kann Ihnen bei der Verbesserung all dieser drei Faktoren helfen.

- Wenn Sie lernen wollen, wie Sie charismatischer werden, bedeutet dies, dass Sie Hindernisse wie Unbehagen oder negative Gedanken überwinden müssen.

- Nutzen Sie Machtposen wie eine aufrechte Körperhaltung und einen zielstrebigen Gang, um machtvoller zu wirken.

- Um herzlicher und präsenter zu wirken, spiegeln Sie die Bewegungen Ihres Gegenübers.

Wir haben insbesondere in diesem Kapitel viel darüber gesprochen, wie man eine Beziehung zu anderen Menschen aufbaut. Im nächsten Kapitel nehmen wir diese Fähigkeiten und wenden sie an, um tiefere Beziehungen zu unseren Mitmenschen aufzubauen.

# KAPITEL 6

# Wie Sie bedeutungsvolle Beziehungen zu anderen Menschen aufbauen

Beziehungen zu anderen Menschen aufbauen zu können ist ein wichtiger Überlebensmechanismus für uns Menschen. Auch introvertierte Menschen brauchen eine Gemeinschaft! Diese Gemeinschaften mögen zwar kleiner sein als die von extrovertierten Personen, jedoch ist die Kommunikation mit anderen Menschen dennoch auf jeden Fall der Schlüssel für ein glückliches und bedeutungsvolles Leben. Jeder braucht Menschen, zu denen er eine tiefe und vertrauenswürdige Verbindung hat.

Es ist nicht immer einfach, einen Menschen zu finden, mit dem eine solche sinnvolle Beziehung besteht. Eine solche Beziehung kann romantischer Natur sein, muss es aber nicht. Es kann auch eine starke Freundschaft sein, bei der man sich in schwierigen Situationen aufeinander verlässt.

Die nonverbale Kommunikation ist sehr wichtig, um Menschen zu finden und kennenzulernen. Wenn Sie die Nachricht lesen können, die jemand anderes aussendet, wissen Sie, ob er daran interessiert ist, eine Beziehung zu Ihnen aufzubauen. Und je sympathischer Ihre Körpersprache ist, desto wahrscheinlicher ist es, dass Sie eine Beziehung zu einem anderen Menschen aufbauen können.

Wenn sie richtig angewandt wird, erleichtert die Körpersprache die Kommunikation. Veränderungen der Stimmlage, des Gesichtsausdrucks und der Gesten tragen dazu bei, die Botschaft zu verdeutlichen und für andere verständlicher zu machen. Wenn Sie andere Menschen zum ersten Mal treffen und ihre nonverbalen Signale lesen können, ist es wahrscheinlicher, dass Sie verstehen, was sie Ihnen sagen möchten. Die nonverbale Kommunikation kann Ihnen auch bei der Entscheidung helfen, ob Sie mehr Zeit mit dieser Person verbringen möchten! Auf der anderen Seite kann sie Ihnen ebenfalls dabei helfen, die richtigen Leute anzuziehen, wenn Sie wissen, welche Körpersprache Sie sympathischer (oder weniger sympathisch) macht.

## Häufige Signale, die andere Menschen Ihnen senden

Einige körpersprachliche Indikatoren sind sehr eindeutig in Bezug auf das, was sie bedeuten. Sie sind unmissverständlich und weisen deutlich darauf hin, ob die Emotion oder die Stimmung Ihres Gegenübers positiv oder negativ ist. Andere Indikatoren sind jedoch nicht so eindeutig und es kann sein, dass diese ein wenig mehr Übung erfordern, um sie zu entschlüsseln. Hier sind einige dieser Indikatoren, sortiert nach Eindeutigkeit und Stimmungslage.

### 1. Eindeutig positiv

Ein (echtes) Lächeln signalisiert, dass die Person an Ihnen und an dem, was Sie zu sagen haben, interessiert ist. Wenn das Lächeln verkrampft ist oder die Augen dabei nicht involviert sind, dann bedeutet dies etwas ganz anderes!

Menschen neigen dazu, sich körperlich solchen Menschen anzunähern, die sie mögen und/oder in deren Nähe sie sich wohl fühlen. Aus diesem Grund ist eine Person, die sich für das interessiert, was Sie zu sagen haben, wahrscheinlich in Ihrer Nähe oder rückt näher an Sie heran.

Eine sanfte Berührung, wie ein Klopfen auf die Schulter, lässt Sie ebenfalls wissen, dass die Person, mit der Sie sprechen, sich wohl in Ihrer Nähe fühlt. Je nachdem, wie Ihre Beziehung zu einer bestimmten Person ist, kann eine solche Berührung auch eine Umarmung oder ein Klopfen auf die

Schulter, den Arm oder den Rücken sein. Haben Sie jemals jemanden umarmt, den Sie nicht mochten? Ich auch nicht!

Berührungen haben ebenfalls einige kulturelle Konnotationen. Amerikaner bevorzugen tendenziell mehr persönlichen Freiraum und es ist auch weniger wahrscheinlich, dass sie ihr Gegenüber während eines Gesprächs häufig berühren. Andere Kulturen brauchen weniger persönlichen Freiraum. Sie berühren häufiger die Menschen, in deren Nähe sie sich wohl fühlen.

Hat eine Person einen festen, selbstbewussten Gang? Dann handelt es sich um jemand, der selbstsicher ist! Solange diese Person sich nicht angeberisch gibt, ist dies kein Zeichen von Arroganz. Selbstbewusste Menschen sehen normalerweise so aus, als wüssten sie, wohin sie gehen, und zwar ganz egal, ob das wirklich stimmt oder nicht!

Freude wird durch nach oben gerichtete Blicke ausgedrückt. Wenn jemand nach oben blickt, so ist dies jedoch nicht unbedingt ein Zeichen dafür, dass Sie jemandem Freude bereitet haben! Sie können einen nach oben gerichteten Blick jedoch als Zeichen nehmen, sich der Person zu nähern. Es ist viel einfacher, jemanden kennenzulernen, der sich in einer positiven Stimmung befindet.

Eine Person, die Augenkontakt mit Ihnen hält, interessiert sich für Sie und möchte mehr über Sie wissen. Wenn diese Person mit Ihnen spricht und Sie direkt ansieht, nehmen Sie das als Zeichen, dass diese Person möglicherweise eine Verbindung mit Ihnen aufbauen möchte!

## 2. Eindeutig negativ

Wenn Ihnen Ihr Gegenüber hingegen nicht in die Augen schaut, so bedeutet dies, dass die andere Person nicht an Ihnen interessiert ist, insbesondere wenn sie nach unten blickt oder sich nach einer interessanteren Person oder sogar nach dem Ausgang umschaut, damit sie flüchten kann. Es kann sein, dass diese Person auf ihr Mobiltelefon sieht oder sogar die Augen schließt. Eine solche Person wird zudem ein falsches Lächeln aufsetzen.

Eine weitere Möglichkeit besteht darin, dass eine solche Person herumzappelt. Unruhige Hände und Füße sind normalerweise ein Zeichen von Langeweile. Sie könnten zum Beispiel sehen, wie sie mit ihren Händen auf dem Tisch oder den eigenen Beinen trommelt. Es ist ebenfalls möglich, dass Ihr Gegenüber mit den Füßen wippt. Wenn Sie sehen, dass Ihr Gegenüber unruhig vor Ihnen umherzappelt, ändern Sie die Taktik. Diese Person möchte Ihnen damit etwas sagen!

Anstatt Ihr Verhalten anzupassen, sollten Sie diese Person in Ruhe lassen und jemand anderes finden, der nicht so offensichtlich von Ihrer Anwesenheit gelangweilt ist!

Wenn Sie jemanden beim Reiben der Augen erwischen, ist er möglicherweise müde. Es kann jedoch auch sein, dass dieser Mensch ungeduldig ist, insbesondere wenn er seine Brille abnimmt und sich den Nasenrücken reibt.

Ihr Gegenüber kann anstelle von gelangweilt auch defensiv sein. Es ist ebenfalls möglich, dass er sich unwohl fühlt. Verschränkt er seine Arme vor seinem Oberkörper? Das muss nicht unbedingt bedeuten, dass er versucht, sich von Ihnen abzuschirmen. Es handelt sich dabei um eine defensive Bewegung, die darauf hindeutet, dass sich Ihr Gegenüber nicht wohl in Ihrer Nähe fühlt.

Ein weiterer klarer Indikator für Nervosität ist Räuspern. Manchmal haben Menschen Erkältungen oder Allergien, die eine laufende Nase verursachen. Aber wenn die Stimme Ihres Gegenübers normal klingt und er andere Anzeichen von Nervosität oder Langeweile zeigt, so ist es keine Erkältung, die sein Räuspern verursacht.

Wenn Sie jemanden sehen, der wütend zu sein scheint, überlegen Sie, ob Sie sich wirklich an ihn wenden möchten. Es ist viel schwieriger, Ihre Körpersprache bei einer Person anzuwenden, die gerade wütend ist. Ihre Wut hat vielleicht nichts mit Ihnen direkt zu tun, sondern mit der Person, mit der sie zuvor gesprochen hat, oder mit einer vorhergehenden Situation. Unabhängig davon spielt es im Moment keine Rolle, ob Sie die Quelle ihres Zorns sind oder nicht. Wie oben bereits erwähnt, ist es viel einfacher, sich an einen Menschen zu wenden, der positiv wirkt.

Achten Sie auf Personen, die die Hände in die Hüfte gestemmt haben. Solch eine Person ist wahrscheinlich wütend und hat möglicherweise ihre Geduld verloren.

Sind die Hände Ihres Gegenübers zu Fäusten geballt? Dann sollten Sie Abstand halten, da dies oftmals ein Anzeichen für Gewalt ist. Wenn Sie nicht zwingend mit diesem Menschen interagieren müssen, dann lassen Sie es sein.

Sie kennen es wahrscheinlich, dass kleine Kinder mit ihren Füßen auf den Boden stampfen, wenn sie wütend oder frustriert sind oder wenn sie nicht bekommen, was sie wollen. Dieses Verhalten gibt es bei einigen Erwachsenen ebenfalls! Wenn Sie eine Person sehen, die mit ihren Füßen auf den Boden stampft, dann ist sie wahrscheinlich wütend oder versucht, Sie einzuschüchtern. Versuchen Sie nicht, mit einer Person eine Verbindung aufzubauen, die aufstampft, um Sie einzuschüchtern, wie man es bei einem Bären oder ein wilden Hund versucht!

## 3. Mehrdeutig

### a. Hände hinter dem Rücken

Wenn Sie diese Geste sehen, müssen Sie etwas mehr Körpersprache lesen, um sicherzustellen, dass Sie die Nachricht richtig verstehen.

Beim Militär ist das Stehen mit den Händen hinter dem Rücken ein Zeichen für Respekt. Wenn Sie mit jemandem sprechen, der bei der Armee ist oder war, könnte dies der Grund dafür sein. Personen, die Ihnen ihren Respekt zeigen, sind möglicherweise daran interessiert, eine Beziehung zu Ihnen aufzubauen.

Wie ich bereits in einem früheren Kapitel erwähnt habe, ist das Zeigen der Hände ein Zeichen dafür, dass man aufgeschlossen ist. Diese Geste war vor Hunderten von Jahren ein Zeichen dafür, dass Sie keine Waffe tragen. Es handelt sich um ein Signal der Verwundbarkeit, das zeigt, dass Sie selbstsicher genug sind, um unbewaffnet auf eine andere Person zuzugehen.

Wenn sich die Hände einer Person hinter ihrem Rücken befinden, was verheimlicht Sie Ihnen dann also? Dies kann ein Indikator dafür sein, dass die Person nicht vertrauenswürdig ist. Es kann sein, dass diese Person eine Beziehung zu Ihnen aufzubauen versucht, was Sie aber nicht erwidern möchten.

Andererseits kann das Nicht-Zeigen der Hände auch als Zeichen der Macht angesehen werden. In diesem Fall signalisieren Hände hinter dem Rücken eine Person, die versucht, ihr Gegenüber zu dominieren. Mit anderen Worten interessiert sich diese Person nicht besonders für das, was Sie ihr zu sagen haben.

## b. Die Brust nach vorne strecken

Diese Geste ist in der Regel geschlechtsspezifisch, auch wenn beide Geschlechter sie hin und wieder ausüben.

Männer drängen normalerweise darauf, andere einzuschüchtern. Genau wie viele Tiere versuchen sie auf diese Weise, größer auszusehen, um ihre Macht zu demonstrieren. Sie wollen stark aussehen. Hierbei handelt es sich oft um einen Versuch, andere Männer einzuschüchtern. Es kann aber auch eine nonverbale Kommunikationsform sein, um Frauen anzulocken.

Frauen schieben normalerweise ihre Brust heraus, um Männer anzulocken, anstatt sie einzuschüchtern. Manchmal benutzen sie diese Geste jedoch auch als Machtdemonstration.

### c. Anstarren

Die Botschaften hinter dieser Geste ähneln denen aus dem zweiten Punkt. Diese Geste muss nicht geschlechtsspezifisch sein, doch die Gründe dafür (Dominanz oder Anziehung) sind dieselben.

Die andere Person starrt Sie womöglich an, weil sie Sie attraktiv findet. Sie möchte, dass Sie zurückstarren oder auf andere positive Weise reagieren.

Oder sie starrt Sie an, weil es um einen Machtvergleich geht. Die erste Person, die den Blick abwendet, verliert. Die dominantere Person wendet den Blick nicht zuerst ab.

Unabhängig davon, ob ein Blick Dominanz oder Anziehung signalisiert, ist es für den Empfänger normalerweise ziemlich offensichtlich, was die Nachricht ist. Wenn nicht, helfen Ihnen andere körpersprachliche Hinweise dabei, um festzustellen, was die Person, die Sie anstarrt, Ihnen zu sagen versucht.

### d. Den Kopf schief legen

Oftmals deutet ein geneigter Kopf auf Verwirrung hin. Haben Sie schon einmal gesehen, was passiert, wenn ein Mensch mit einem Hund spricht? Hunde neigen dabei ihre Köpfe zur Seite, während sie versuchen zu verstehen, was ihnen ihr Herrchen sagen will. Das Gleiche gilt für Menschen, obwohl wir dabei nicht so süß aussehen.

Ein leichtes Neigen des Kopfes kann auch Interesse signalisieren. Jemand, der beim Sprechen den Kopf schief legt und nicht verwirrt aussieht, sagt Ihnen möglicherweise einfach, dass er an dem interessiert ist, was Sie zu sagen haben.

Hoffentlich haben die meisten Leser dieses Buches niemals mit der letzten Botschaft zu tun, die eine Kopfneigung aussenden kann! An Orten, an denen es normalerweise viel Gewalt gibt, wie im Gefängnis oder bei einem Wrestling-Kampf, gilt es als eine Herausforderung zum Kampf, den Kopf zu neigen.

## Menschen gehen Beziehungen zu Menschen ein, die sie mögen. Nutzen Sie deshalb Ihre Körpersprache, um sympathischer zu wirken

Glauben Sie mir nicht, dass Sympathie der Schlüssel für Beziehungen ist? Nun ja, dann lassen Sie mich eine Frage stellen. Haben Sie ein großes Verlangen danach, mit jemandem eine Verbindung aufzubauen, den Sie überhaupt nicht mögen? Vermutlich nicht? Genau wie Sie normalerweise keine Menschen umarmen, mit denen Sie nicht befreundet sind, so gehen Sie auch keine Verbindung zu Menschen ein, mit denen Sie nicht befreundet sind. Und Ihre Mitmenschen machen es genauso.

Zumindest müssen sich die meisten Menschen in der Nähe einer anderen Person wohlfühlen, um eine echte Verbindung zu ihr aufbauen zu können. Wenn Sie mehr Verbindungen aufbauen oder die bereits vorhandenen vertiefen möchten, müssen Sie sicherstellen, dass sich die Menschen in Ihrer Umgebung wohlfühlen. Dies bedeutet, dass Sie sympathisch und aufgeschlossen wirken müssen. Wenn Sie defensiv oder nervös oder auf irgendeine Weise verschlossen wirken, können sich andere Menschen in Ihrer Nähe nicht wohlfühlen. Sie werden nicht das Gefühl haben, zu Ihnen durchdringen zu können.

Natürlich ist es nicht einfach, neue Leute kennenzulernen und zu ihnen eine Verbindung aufzubauen, und für introvertierte Menschen ist es möglicherweise noch schwieriger. Wenn sich Ihre Mitmenschen gleich von Anfang an wohl in Ihrer Nähe fühlen, stehen die Chancen für Sie höher, im Laufe der Zeit eine Verbindung aufbauen zu können. Als introvertierter Mensch werden Sie mit nur wenigen engen Beziehungen zufrieden sein. Introvertierte Menschen möchten lieber nicht mit Personen interagieren, die Sie nicht genügend kennen. Wenn Sie also sofort Beziehungen zu Gleichgesinnten aufbauen können, können Sie Ihr Netzwerk schneller erweitern. Zudem bedeutet dies, dass Sie nicht so oft neue Leute kennenlernen müssen!

Wenn Sie ein extrovertierter Mensch sind, dann bedeutet Sympathie beim ersten Treffen lediglich, dass Sie die Möglichkeit haben, mehr Beziehungen aufzubauen. Sie müssen nicht so viel Zeit aufbringen, um eine Beziehung weiterzuentwickeln, da diese gleich von Beginn an stark ist.

Egal, ob Sie ein introvertierter oder extrovertierter Mensch oder eine Mischform aus diesen beiden Charaktereigenschaften sind: Sie können gleich von Beginn an die nonverbalen Kommunikationsmethoden dazu verwenden, dass sich die Menschen in Ihrer Nähe wohlfühlen.

Doch bevor Sie sympathisch wirken können, müssen Sie vorzeigbar sein. Das bedeutet nicht, dass Sie in Ihrem besten Ballkleid oder in Ihrem teuersten Smoking zu Ihrem Networking-Event gehen müssen, es sei denn, diese Kleidung ist in Ihrer Branche üblich!

Es bedeutet jedoch, dass Sie, Ihre Kleidung und Ihre Accessoires sauber und gepflegt sein müssen. Dies schließt auch Zähne, Nägel und Haare mit ein. Auch hier sage ich nicht, dass Ihre Zähne blendend weiß sein müssen oder dass Sie jedes Mal, wenn Sie zu einer Veranstaltung gehen, vorher zum Zahnarzt gehen müssen! Sie wollen jedoch sicherlich nicht, dass Menschen sich die Hände vor den Mund halten, weil Ihr Atem so schlecht ist oder weil Ihre Nägel so aussehen, als hätten Sie kurz vor Ihrer Ankunft noch den

Garten umgegraben. Ein guter Haarschnitt ist hilfreich, aber zumindest sollten Ihre Haare ordentlich gekämmt sein.

In einigen Fällen ist es in Ordnung, sich ein wenig freizeitmäßiger zu kleiden. Sogar Flip-Flops, Shorts oder zerrissene Jeans (solange alles sauber ist!) können akzeptabel sein. Wenn Sie sich nicht sicher sind, tragen Sie schickere Kleidung wie eine Stoffhose in Kombination mit einem Hemd. Manchmal sind auch Kleider bei Veranstaltungen gern gesehen. Achten Sie darauf, dass Ihre Schuhe nicht abgewetzt, staubig oder schmutzig sind.

Vermeiden Sie außerdem einen zu starken Geruch, und zwar egal, ob es sich um einen guten oder schlechten Geruch handelt. Wenn Ihr Körpergeruch schlecht ist, kümmern Sie sich darum, bevor Sie zu einem Treffen gehen. Auch sollten Sie nicht in Parfüm oder Aftershave baden! Viele Menschen reagieren empfindlich auf Düfte und finden Sie nicht besonders sympathisch, wenn Ihr Eau de Toilette ihnen Migräne verursacht.

Wenn Sie vorzeigbar sind, können Sie Ihre positive Körpersprache nutzen, um Erfolg zu haben. Herzlichkeit ist wichtig, damit die Menschen Sie mögen und Ihnen vertrauen. Darüber hatte ich ja bereits im letzten Kapitel gesprochen, als es um das Thema Charisma ging. Nutzen Sie die Körpersprache, die Ihnen hilft, Wärme und Vertrauen zu demonstrieren.

Dieses Buch befasst sich zwar speziell mit nonverbaler Kommunikation, doch Sie haben sicherlich schon oft den Ratschlag gehört, weniger über sich selbst zu sprechen, sondern sein Gegenüber mehr reden zu lassen. Jeder spricht gerne über sich selbst. Wir Menschen möchten das Gefühl haben, dass andere daran interessiert sind, was wir zu sagen haben. Paradoxerweise wirken Sie auf Ihre Mitmenschen sympathischer, wenn diese mehr über sich selbst sprechen! Ihre Mitmenschen tun etwas Angenehmes, weshalb ihr Gehirn sie mit Glückshormonen belohnt. Und da Sie sich in der Nähe befinden, werden diese angenehmen Gefühle mit Ihrer Anwesenheit verknüpft.

Wie immer brauchen Sie jedoch ein Gleichgewicht. Wenn Ihre Mitmenschen diesen Ratschlag ebenfalls kennen, dann möchten sie auch etwas über Sie wissen. Wenn Sie Fragen stellen, versuchen Sie nicht, diese so schnell hintereinander abzufeuern, als würden Sie Ihr Gegenüber wie in der Schule abfragen! Das fühlt sich für Ihr Gegenüber nicht herzlich und freundlich an.

Wenn Sie mit jemandem sprechen, mit dem Sie eine Verbindung aufbauen möchte, ist es hilfreich, wenn Sie dessen Glückshormonen im Gehirn ansprechen, und zwar unabhängig davon, ob die andere Person weiß, dass dies passiert. Glücklicherweise können Sie diesen Effekt auch mit nonverbaler Kommunikation erzielen. Hier sind zehn Möglichkeiten, wie Sie die Person, mit der Sie sprechen, dazu bringen können, sich sowohl selbst als auch in Ihrer Nähe wohlzufühlen.

## 1. Ehrliches Lächeln

Es ist erstaunlich, wie oft ein ehrliches Lächeln erwähnt wird, wenn es um das Thema Körpersprache geht! Wenn Sie nicht sehr viel Zeit haben, um an Ihrer Körpersprache zu arbeiten, dann arbeiten Sie zumindest an Ihrem Lächeln. Es ist kein blendend weißes Hollywood-Lächeln notwendig, sondern nur ein herzliches Lächeln, das aussagt: „Ich freue mich, mich in diesem Moment mit dir hier zu befinden."

Ein ehrliches Lächeln taucht nicht nur kurz auf. Es besteht die ganze Zeit, wenn Sie sich mit Ihrem Gegenüber unterhalten, sodass er weiß, dass dieses Lächeln ihm gilt. Auch während der Unterhaltung strahlt ein ehrliches Lächeln Herzlichkeit aus.

## 2. Positive Berührungen

Einige Menschen sind nicht so offen für körperliche Berührungen, obwohl diese eine leistungsstarke Kommunikationsmethode sind. Sie signalisieren, dass Sie sich in der Nähe der anderen Person wohlfühlen, wodurch sich Ihr Gegenüber ebenfalls wohl in Ihrer Nähe fühlt.

Mit anderen Worten ausgedrückt: Wenn es um körpersprachliche Botschaften geht, dann verhalten Sie sich anderen gegenüber so, wie Sie es von ihnen erwarten würden!

Würden Sie Ihrem Feind auf den Rücken klopfen? Oder kurz den Arm von jemandem berühren, für den Sie sich nicht wirklich interessierten, als Sie mit ihm gesprochen haben? Natürlich nicht. Körperliche Berührungen sind Personen vorbehalten, die Sie tatsächlich mögen.

Eines der Hormone, die auch als Neurotransmitter wirken, ist Oxytocin. Es fördert die Bindung zwischen Menschen und wird freigesetzt, wenn Sie eine andere Person berühren oder von ihr berührt werden. Es soll auch das Vertrauen zwischen Menschen fördern, wenn es im Gehirn zirkuliert. Oxytocin hilft Ihrem Körper dabei, sich zu entspannen und Stress und Angst abzubauen.

Nun wissen Sie also, warum die Berührung anderer Menschen so wichtig sein kann! Berührungen fördern die Freisetzung eines chemischen Botenstoffs, der dazu führt, dass andere Menschen genau das tun, was Sie wollen! Verhalten Sie sich entspannt, sodass sich andere Menschen in Ihrer Gegenwart wohlfühlen. Und übertreiben Sie es wie immer nicht, besonders wenn Sie die andere Person nicht kennen. Ein Zuviel an Berührungen kann als aufdringlich interpretiert werden.

Stellen Sie sicher, dass auch Ihr Händedruck optimal ist. Händeschütteln ist eine weitere Gelegenheit für Sie, um Herzlichkeit und Offenheit sowie Selbstvertrauen auszustrahlen. Bieten Sie Ihrem Gegenüber niemals einen schwachen Händedruck an. Ein schwacher Händedruck lässt Sie schwach erscheinen, was Sie nicht wollen, wenn Sie neue Leute kennenlernen.

Sie sollten anderen Leuten auch nicht die Hand zerquetschen. Das ist ein aggressives und dominierendes Verhalten. Sie wollen auch nicht, dass Ihr Publikum das Gefühl hat, dass

Sie versuchen, es zu dominieren, wenn Sie eine Präsentation halten. Und genauso wenig möchten Sie, dass sich Menschen, die Sie zum ersten Mal treffen, so fühlen. Ein fester, respektvoller Händedruck ist alles, was Sie brauchen.

### 3. Gute, aber keine verspannte Körperhaltung

Viele dieser körpersprachlichen Signale sind leicht zu merken, wenn Sie an Ihr Ziel denken: Ihre Mitmenschen sollen sich in Ihrer Nähe wohlfühlen und erkennen, dass Sie ein aufgeschlossener und herzlicher Mensch sind.

Wenn Sie sehen, dass andere Menschen sich unwohl fühlen, fühlen Sie sich dann besser oder schlechter? Es ist schwer, sich wohlzufühlen, wenn sich jemand anderes offensichtlich unwohl fühlt!

Haben Sie schon einmal eine Person gesehen, die eine starre Körperhaltung hatte? Vielleicht bei einer Militärparade oder sogar in einem Film? Sieht eine solche Körperhaltung angenehm aus? Auf keinen Fall. Wollten Sie sich dieser Person nähern und sie besser kennenlernen? Quatsch! Solche Personen wirken nicht warmherzig und freundlich oder offen und interessiert.

Wirkt dagegen eine Person, die eine krumme Körperhaltung hat, sympathisch oder selbstbewusst? Möchten Sie eine Person näher kennenlernen, die nicht selbstbewusst ist? Oder ist es einfacher, jemanden kennenzulernen, der selbstbewusst (aber nicht arrogant) ist?

Eben. Eine gute Körperhaltung, die nicht starr ist, wird als freundlich und zugänglich interpretiert. Sie machen sich hierbei keine Sorgen, dass Sie das Selbstwertgefühl einer schwachen Person stärken müssen, wenn Sie sie besser kennenlernen. Vermutlich ist eine Person mit einer guten Körperhaltung auch kein verschlossener Mensch, der Sie nicht kennenlernen will.

Menschen mit einer guten Körperhaltung wirken selbstbewusst. Wir Menschen bevorzugen es, selbstbewusste Menschen kennenzulernen, weil sie zu wissen scheinen, was sie tun, und wir mögen diese Charaktereigenschaft bei unseren Freunden und Lebensgefährten. Berufliche Kompetenz ist ebenfalls eine gute Sache. Wenn Sie einen Kollegen oder Chef haben, der inkompetent ist, kann dies noch schlimmer sein, als wenn er überhaupt nicht da wäre. Wir Menschen fühlen uns zu Führungskräften hingezogen, die zuversichtlich sind, und nicht zu solchen, die wankelmütig oder unsicher sind.

Wenn Sie eine gute Körperhaltung haben und von anderen Menschen als selbstbewusst gelesen werden, werden Sie mehr Menschen anziehen. Möglicherweise möchten Sie nicht alle diese Verbindungen eingehen oder alle diese Menschen kennenlernen, aber zumindest haben Sie bessere Möglichkeiten, eine Person zu finden, mit der Sie eine bedeutungsvolle Beziehung führen können.

## 4. Wenden Sie sich Ihrem Gegenüber vollständig zu, inkl. Füßen, Beinen, Händen, Oberkörper und Gesicht

Wie ich oben bereits erwähnt habe, ist es eine Eigenart der menschlichen Natur, dass wir Menschen mögen, die sichtbar Interesse an uns zeigen, indem sie uns Fragen über uns selbst stellen und nicht zu viel über sich selbst sprechen!

Wenn Sie also kein Interesse an Ihrem Gegenüber zeigen, interessiert sich dieser ebenfalls nicht für Sie. Stellen Sie sicher, dass Sie keine Anzeichen von Langeweile ausstrahlen. Vermeiden Sie den Eindruck, dass Sie lieber irgendwo anders wären, als hier mit dieser Person zu sprechen.

Im letzten Kapitel haben wir festgestellt, wie wichtig Präsenz für das Charisma ist. Vollständig präsent zu sein ist die einzige Möglichkeit, um sich wirklich mit einem anderen Menschen auseinanderzusetzen. Menschen brauchen das Gefühl, dass sie die Person sind, mit der Sie in diesem Moment am allerliebsten sprechen und Ihre Körpersprache muss das auch ausstrahlen.

Haben Sie sich schon einmal mit einer Person unterhalten, die Ihnen das Gefühl gab, dass es im Moment nichts Schöneres auf der Welt gibt, als sich mit Ihnen zu unterhalten? Wen hat diese Person angeschaut? Natürlich Sie. Hätten Sie das Gefühl bekommen, dass die andere Person das Interesse an Ihnen verloren hat, wenn diese ihr Gesicht von Ihrem abgewandt hätte? Natürlich. Doch diese Person war während des gesamten Gesprächs Ihnen zugewandt.

Wenn Sie damals auf den Boden geschaut hätten (was Sie vermutlich damals noch nicht getan hätten), hätten Sie gesehen, dass die Fußspitzen dieser Person direkt auf Sie gezeigt haben. Es ist zwar unhöflich, mit dem Finger auf andere Leute zu zeigen, doch vermutlich hat Ihnen diese Person auch ihre Hände zugewandt.

Diese Person hat sich nicht durch ihre verschränkten Arme oder durch einen Gegenstand vor ihrem Oberkörper von Ihnen abgeschirmt. Sie hatte eine offene Körperhaltung und zeigte Ihnen dadurch, dass sie sich in Ihrer Nähe wohlfühlte. Wenn sich diese Person defensiv verhalten hätte, dann hätten Sie das gesehen. Wenn Ihr Gegenüber Barrieren zwischen sich und Ihnen entfernt, dann zeigt dies, dass diese Person aufgeschlossen ist und keine Angst davor hat, Ihnen zu vertrauen.

Das Überkreuzen von Beinen ist ebenfalls eine defensive Haltung, sodass eine Person, die gerne mit Ihnen spricht, gerade steht und ihr Gewicht gleichmäßig auf beide Füße verlagert hat. Sie hat eine gute Körperhaltung, ist selbstsicher und unterhält sich aufgeschlossen mit Ihnen.

Sie können diese Werkzeuge verwenden, wenn Sie versuchen, andere Menschen dazu zu bringen, sich wohl und interessant zu fühlen. Verschränken Sie jedoch nicht Ihre Arme oder Beine (wenn Sie auf die Toilette gehen müssen, entschuldigen Sie sich kurz und kehren Sie dann zurück).

Vermeiden Sie zusätzliche Barrieren zwischen Ihrem Körper und dem Körper Ihres Gesprächspartners. Dies ist nicht nur auf Arme und Notizblöcke beschränkt, sondern kann auch so etwas wie ein Schreibtisch oder ein anderer Tisch sein. Wenn Sie möchten, dass sich die andere Person wohlfühlt, müssen Sie möglicherweise hinter den Möbeln hervorkommen, um Ihrem Gesprächspartner Ihren Körper vollständig zuzuwenden, was ein Zeichen für Vertrauen darstellt.

Richten Sie Ihre Füße auf Ihr Gegenüber und nicht beispielsweise auf den Ausgang oder auf andere Personen im Raum. Wenn es sich um einen überfüllten Raum handelt, müssen Sie sich möglicherweise zu Ihrem Gesprächspartner vorbeugen, um ihn besser zu hören.

**5. Halten Sie direkten Augenkontakt**

Augenkontakt ist genau wie ein Lächeln ein wichtiges Signal dafür, dass Sie aufgeschlossen und interessiert sind, und bringt Sie in vielen sozialen Situationen ziemlich weit. Wenn Ihr Gegenüber sich umschaut, so ist dies ein Signal dafür, dass er nicht an Ihnen interessiert ist. Es scheint, als ob er nach einer Person Ausschau halten würde, mit der er sich lieber unterhalten würde, als ob er nicht selbstsicher ist oder als ob er am liebsten woanders wäre.

Wenn die Person, mit der Sie sprechen, etwas sagt oder eine Frage stellt, über die Sie nachdenken müssen, dann ist es in Ordnung, den Augenkontakt zu unterbrechen, damit Sie nachdenken können. Manche Menschen können besser nachdenken, wenn sie nach oben oder in die Ferne schauen. Wenn Sie eine Antwort gefunden haben, stellen Sie erneut Augenkontakt her. Wenn Sie zu Beginn des Gesprächs immer noch ins Leere starren, werden Sie den Eindruck erwecken, dass Sie sich langweilen.

Es ist auch keine gute Idee, die Person, mit der Sie sprechen, anzustarren. Blinzeln Sie einfach auf natürliche Art und Weise!

Viele dieser Körpersprache-Tipps beziehen sich auf Situationen, in denen Sie stehen, sei es vor einem Publikum oder bei einem Networking-Event. Manchmal gibt es jedoch auch Situationen, in denen Sie sitzen. Wenn Sie sich Notizen machen müssen, dann achten Sie darauf, dass Sie nicht so eifrig schreiben, dass Sie den Augenkontakt verlieren.

Wenn Sie zu viel notieren, dann wird sich Ihr Gegenüber fragen, was Sie sich da genau aufschreiben! Zu viele Notizen wirken geheimnisvoll und nicht freundlich. Es ist eine Sache, sich ein paar Dinge zu notieren, jedoch eine andere, wenn Sie einen ganzen Roman schreiben, anstatt sich mit Ihrem Gesprächspartner zu unterhalten.

Vermeiden Sie es, auf Ihre Armbanduhr, Ihr Smartphone, auf die Uhr oder im Raum umherzuschauen, wenn Sie sich unterhalten. Sie möchten, dass Ihr Gegenüber das Gefühl hat, dass Sie sich für es interessieren! Aber wenn Sie wegschauen, dann signalisieren Sie ihm, dass Sie das eben nicht tun.

Viele Menschen fragen sich, was sie tun sollen, wenn sie einen Anruf erwarten. Es ist ziemlich unhöflich, Anrufe während Veranstaltungen anzunehmen. Aber wenn sich Ihre Unterhaltung dem Ende nähert oder wenn Sie jemanden kennengelernt haben, den Sie nicht wirklich kennenlernen wollten, dann sollten Sie ihm im Vorhinein sagen, dass Sie einen Anruf erwarten. Sie sollten dies jedoch nicht häufig tun. Wenn Sie ständig Anrufe zu einem Zeitpunkt entgegennehmen, an dem Sie normalerweise Kontakte knüpfen, müssen Sie einen besseren Zeitplan ausarbeiten.

## 6. Verwenden Sie Gesten auf angemessene Art und Weise

Können Sie sich vorstellen, der beste Freund eines Roboters zu sein? Ich kann es mir auch nicht vorstellen. Gesten sind eine sehr menschliche Art und Weise, um mit anderen Menschen zu kommunizieren. Die meisten Menschen nutzen Gesten auf ganz natürliche Weise, während sie sprechen, weswegen sie sich damit nicht zurückhalten sollten.

Genau wie beim Augenkontakt ist hierbei jedoch ebenfalls das richtige Maß wichtig. Wildes Herumfuchteln oder übertriebene Gesten lassen Sie merkwürdig wirken. Wenn Sie sich in der Öffentlichkeit oder bei gesellschaftlichen Anlässen befinden, sollten Ihre Bewegungen kontrolliert sein.

Wissenschaftler haben herausgefunden, dass die beliebtesten TED-Talks diejenigen sind, bei denen die Sprecher sehr viele Gesten mit ihren Händen machen. Tatsächlich waren in den Talks, die am häufigsten angesehen wurden, im Durchschnitt fast doppelt so viele Gesten enthalten wie bei den am wenigsten angeschauten Talks!

Vermutlich halten Sie keinen TED-Talk, Menschen mögen jedoch eindeutig solche Sprecher lieber, die mehr Gesten verwenden. Das gilt nicht nur für Vorträge, sondern auch für normale Unterhaltungen. Schon bevor sich die menschliche Sprache entwickelt hat, hatten wir Hände. Deswegen ist das Sprechen mit unseren Händen eine ziemlich menschliche Eigenschaft. Roboter sprechen nicht mit ihren Händen.

Achten Sie darauf, ob Ihre Gesten aus Sicht des Publikums angemessen sind. Wenn Sie beispielsweise über einen Preisanstieg sprechen, besteht Ihr natürlicher Instinkt darin, Ihre Hand von links nach rechts zu bewegen. Doch Ihr Publikum sieht die Geste spiegelverkehrt. Eine von rechts nach links wischende Geste sieht für die Personen, die Ihnen gegenüberstehen, korrekt aus, auch wenn es für Sie spiegelverkehrt ist.

Riesige oder übertriebene Bewegungen lassen den Eindruck entstehen, als ob Sie es mit der Wahrheit nicht so genau nehmen würden. Achten Sie darauf, dass Ihre Bewegungen eher klein sind. Wenn Sie eine Person sind, die auf natürliche Art größere Gesten verwendet, müssen Sie sie nicht verkleinern.

Gesten verdeutlichen Sachverhalte und unterstreichen diese. Gesten können Sie auch als Person interessant erscheinen lassen, wenn Sie sie verwenden, um Ihre Geschichte oder eine Unterhaltung zu betonen. Haben Sie keine Angst davor, Gesten im angemessenen Rahmen zu verwenden.

## 7. Vermeiden Sie Unruhe

Genau wie das Herumfuchteln mit Armen und Händen nicht dazu führt, dass die Menschen Ihnen vertrauen und sich wohl in Ihrer Nähe fühlen, so gilt dies ebenfalls für das Herumzappeln. Sie wirken dadurch nervös.

Nervosität wirkt auf viele Menschen nervend oder zumindest nicht sehr sympathisch. Wir Menschen bevorzugen es, mit Menschen befreundet oder ihnen nahe zu sein, die ein gewisses Vertrauen in sich selbst zeigen. Ihr Gegenüber wird sich fragen, ob es seine Schuld ist, dass Sie so nervös sind. Niemand möchte das Gefühl haben, etwas falsch zu machen!

Fühlen Sie sich wohl, wenn die Person, mit der Sie sprechen, herumzappelt? Sie spielt möglicherweise mit ihren Haaren, klickt schnell mit ihrem Stift, verlagert ihr Gewicht von einem Bein auf das andere, zupft an ihrer Kleidung herum oder zeigt auf andere Weise, dass sie sich nicht wohlfühlt. Und dies führt wiederum dazu, dass Sie sich ebenfalls unwohl fühlen.

Eine ruhige Art strahlt auch eine gewisse Autorität aus. Sie sehen dadurch selbstbewusster aus. Menschen, die mit dem Kopf wackeln oder herumzappeln, wirken nervös oder unentspannt, was das Vertrauen ihrer Mitmenschen nicht gerade fördert. Halten Sie also Ihre Füße still. Wenn Sie etwas mit Ihren Händen machen müssen, dann versuchen Sie, sie zu einer Rautenhaltung zu formen, was zudem eine Geste der Selbstsicherheit ist und Sie daran hindert, nervös mit Ihren Händen herumzuspielen.

## 8. Ahmen Sie Ihr Gegenüber nach

Haben Sie schon einmal den Satz gehört „Nachahmung ist die ehrlichste Form von Bewunderung"? Welche bessere Möglichkeit gibt es, um Ihr Interesse und Vertrauen in Ihr Gegenüber zu signalisieren, als das Kopieren seiner Bewegungen?

Sie müssen sich jedoch nicht wie ein menschlicher Spiegel verhalten. Es handelt sich hierbei nicht um eine Schauspielstunde! Sie können (und sollten) einige der positiven oder neutralen Gesten Ihres Gegenübers nachahmen. Lächelt Ihr Gegenüber? Dann sollten Sie dies ebenfalls tun. Hat er einen Schluck von seinem Getränk genommen? Dann machen Sie das ebenfalls.

Ihre eigenen Gesten können dabei etwas weniger deutlich ausfallen, da Sie es nicht übertreiben sollten. Sie sollten Ihr Gegenüber ebenfalls nicht nachahmen, wenn dieser eine wütende Körpersprache an den Tag legt: Hände in die Hüften gestemmt, geballte Fäuste etc. Sie wollen schließlich, dass sich Ihre Mitmenschen wohl in Ihrer Nähe fühlen, was bedeutet, dass Sie sich ebenfalls gut in deren Nähe fühlen müssen. Das Nachahmen einer negativen Körpersprache wird dazu führen, dass Sie sich ebenfalls schlechter fühlen.

## 9. Achten Sie darauf, dass Sie sich mit Ihrem Gegenüber auf Augenhöhe befinden

Wenn Sie beispielsweise auf einem Stuhl sitzen, der höher ist als der, auf dem Ihr Gegenüber sitzt, dann erscheinen Sie dominant. Dasselbe gilt, wenn Sie stehen und Ihr Gegenüber sitzt. Gleichzeitig sollten Sie auch nicht zu seinen Füßen liegen. Dies lässt Sie bedürftig erscheinen.

Wenn Sie klein sind, dann ist es oft eine gute Idee, wenn alle Beteiligten sitzen. Ihre Mitmenschen werden Sie nicht mehr so stark überragen, wenn alle sitzen. Das Stehen auf einem Hocker hilft ebenfalls, sieht aber so aus, als würden Sie sich zu sehr anstrengen! Es funktioniert auch am anderen Ende des Spektrums gut, wenn Sie sehr groß sind und alle Beteiligte sitzen. Sie möchten ja schließlich nicht, dass die Personen, mit denen Sie sich unterhalten, das Gefühl haben, dass Sie auf sie herabblicken. Wenn alle sitzen, wird der Höhenunterschied minimiert.

Wie sollten Sie sich verhalten, wenn alle an einem Tisch sitzen? Versuchen Sie, sich seitlich an den Tisch zu setzen und nicht am Ende oder am Kopf des Tisches. Auf diese Weise entspannen sich die Menschen in Ihrer Nähe. Sie wirken dadurch nicht aggressiv oder dominierend, sondern wie jeder andere auch, der sich am Tisch befindet. Wenn Sie sich in einem Raum voller Menschen befinden, die Sie nicht kennen, und Sie sitzen am Kopf des Tisches, dann sieht das so aus, als würden Sie die Kontrolle über die Gruppe übernehmen wollen, was normalerweise nicht gut ankommt.

## 10. Denken Sie, dass jeder im Raum Ihr Freund ist

Wenn Sie sich noch niemals jemandem vorgestellt haben, ist diese Person einfach ein Freund, den Sie bisher noch nicht kennengelernt haben! Sind Sie warmherzig und zugänglich bei Freunden und bei Leuten, die Sie gut kennen? Dann halten Sie es bei Fremden genauso.

Dies ist ein besonders guter Tipp für introvertierte Menschen, die sich oft vor der Aussicht auf so viele neue Leute fürchten. Sich anderen Menschen gegenüber wie ein Freund zu verhalten, ermutigt sie, dies zu erwidern. Nun sind Sie ein neuer Freund, den Ihre Mitmenschen nur noch nicht kennengelernt haben! Diese Verhaltensweise nimmt Ihnen die Angst vor einem Raum voller Menschen, die Sie noch nicht kennen.

Extrovertierte Menschen tun dies möglicherweise bereits. Gibt es eine bessere Möglichkeit, sich zu entspannen und Selbstvertrauen auszustrahlen, als anzunehmen, dass jeder im Raum Ihr Freund ist oder sein wird?

Allerdings wird nicht jeder Sie mögen. Und das ist in Ordnung.

Sie können all diese körpersprachlichen Verhaltensweisen erlernen und sie jedes Mal dann verwenden, wenn Sie an einem gesellschaftlichen Ereignis teilnehmen. Es wird jedoch wahrscheinlich immer noch Leute geben, zu denen Sie keine Verbindung aufbauen können. Diese Menschen werden nicht zurücklächeln. Sie werden ihre Füße nicht auf Sie richten, selbst wenn Sie Ihren ganzen Körper auf sie ausgerichtet haben. Wenn sie Ihnen überhaupt die Hand schütteln, wird es wahrscheinlich ein kurzer und schlaffer Händedruck sein. Die Augen dieser Zeitgenossen huschen durch den Raum und suchen jemand anderen, mit dem sie sprechen können.

Meistens hat das wirklich nichts mit Ihnen persönlich zu tun. Vielleicht sehen Sie aus wie die Person, die ihnen vor zehn Jahren das Herz gebrochen hat. Ihre Gesichtszüge sind genau wie die des Mathematiklehrers, der sie in der elften Klasse getriezt hat. Sie klingen wie ihr Vater, zu dem sie eine schwierige Beziehung haben. Ihr Name ist Ben und ein Junge namens Ben hat sie während der Schulzeit gemobbt.

Und so weiter ... Sie verstehen, was ich damit sagen möchte. Was können Sie dagegen tun? Vielleicht können Sie ihnen im Laufe der Zeit dabei helfen, besser in Mathematik zu werden. Oder Sie bringen Ben dazu, sich zu entschuldigen!

Nein, lassen Sie es sein. Ihre Aufgabe besteht nicht darin, andere Menschen zu retten oder deren Probleme zu lösen (vielleicht ist diese Person sogar stolz darauf, sich von ihrem schwierigen Vater entfremdet zu haben).

Bauen Sie stattdessen Beziehungen zu anderen Menschen auf, die daran interessiert sind, dasselbe mit Ihnen zu tun. Kümmern Sie sich darum, mit Leuten eine Verbindung herzustellen, die bereit sind, sich mit Ihnen zu verbinden. Das Problem der anderen Person sollte für Sie kein Problem darstellen. Sie erhalten keine Medaille, wenn Sie jemanden zwingen, Sie zu mögen. Betrachten Sie die Unfähigkeit der anderen Person, Sie als die wunderbare Person zu sehen, die Sie sind, als deren Verlust. Kommen Sie darüber hinweg.

Möglicherweise sind Sie bereits mit einigen oder allen dieser hilfreichen Techniken vertraut. Wenn nicht, üben Sie sie mit Freunden, Familie und Kollegen. Es kann für Familienmitglieder und Freunde hilfreich sein, zu verstehen, was Ihr Ziel ist. Möglicherweise möchten Sie diese Ziele jedoch nicht mit Ihren Kollegen teilen.

Sie könnten beispielsweise versuchen, Ihren Chef zu spiegeln. Er trinkt etwas, Sie nehmen sich ebenfalls etwas zu trinken. Er formt seine Finger zu einer Raute, Sie machen es ebenfalls. Dies könnte Ihnen nicht nur dabei helfen, Ihre Körpersprache zu verbessern, sondern könnte auch dazu führen, dass Ihr Chef sie besser leiden kann, wenn dies nicht bereits der Fall ist.

Also legen Sie los!

## Wie Sie herausfinden können, ob Sie jemand anlügt

Niemand möchte sich mit jemandem unterhalten, der nicht die Wahrheit sagt. Manchmal stellen andere Menschen Ihr Urteil infrage. Die Körpersprache ist also sehr hilfreich, wenn Sie jemanden einschätzen wollen, um festzustellen, ob Sie eine Beziehung zu ihm aufbauen möchten. Vielleicht sagt Ihr Gegenüber die richtigen Worte, bei Ihnen schrillen jedoch die Alarmglocken.

Betrügerische Absichten werden normalerweise durch die Änderung der Grundhaltung einer Person signalisiert. Eine Person nimmt ihre normale Grundhaltung ein, wenn sie die Wahrheit sagt. Wenn Sie einen Menschen gut kennen, dann kennen Sie auch seine normale Grundhaltung.

Sie können jedoch auch dann herausfinden, ob Ihr Gegenüber betrügerische Absichten hegt, wenn Sie ihn nur wenig oder überhaupt nicht kennen. Wenn Sie die Ratschläge in diesem Buch üben, dann können Sie beobachten, wie sich Ihr Gegenüber verhält, wenn Sie ihm eine normale Frage stellen. Halten Sie dabei Augenkontakt und achten Sie auf seine nonverbale Kommunikation.

Eine gute Frage, um die normale Grundhaltung eines Menschen herauszufinden, lautet zum Beispiel: „Woher kommen Sie?" oder „Wie haben Sie von diesem Event gehört?" Diese Arten von Fragen führen normalerweise nicht zu einer Lüge. Die Antworten einer Person und die dazugehörige Körpersprache sollten Ihnen eine ziemlich gute Vorstellung von ihrer normalen Grundhaltung geben, wenn sie nicht lügt.

Es gibt bei Lügnern vier große Veränderungen in Bezug auf die Körpersprache, die sie verraten. Diese Bewegungen sind oftmals körperliche Ausdrücke davon, dass solche Menschen etwas verbergen, von etwas ablenken wollen oder versuchen zu verhindern, dass ihnen die Wahrheit herausrutscht.

Bedenken Sie jedoch, dass diese Bewegungen stets in den richtigen Zusammenhang gebracht werden müssen. Jemand, der herumhampelt, kann auch einfach nur nervös sein und muss nicht unbedingt lügen. Die anderen Signale, die Ihnen Ihr Gegenüber aussendet, werden Ihnen verraten, ob es sich um Lügen handelt oder ob Ihr Gegenüber einfach nur nervös ist.

## 1. Körperbewegungen

Lügen kann für unser Gehirn tatsächlich schwierig sein. Wenn das Gehirn mit der Erfindung einer Geschichte beschäftigt ist, ist möglicherweise nicht genügend Kapazität vorhanden, um gleichzeitig zu gestikulieren und zu sprechen. Von daher ist eines der Signale, dass jemand nicht ehrlich ist, dass die Handgesten nach seiner Aussage kommen und nicht während er spricht. Ein Lügner muss also seine Bewegungen geradezu künstlich „herstellen", nachdem er sich eine Geschichte für Sie ausgedacht hat.

Menschen, die flunkern, neigen dazu, beide Hände zu benutzen, wenn sie Gesten machen. Doch in Wirklichkeit benutzen Menschen, die die Wahrheit sagen, oftmals nur eine Hand. In diesem Fall müssen Sie die normale Grundhaltung Ihres Gegenübers wirklich gut kennen, da einige Menschen (und Kulturen) mit beiden Händen sprechen und nicht nur mit einer. Eine Person, die beide Hände benutzt, kann auch einfach nur einer anderen Kultur angehören und muss nicht unbedingt lügen.

Es kann passieren, dass lügende Menschen ihre Handflächen außerhalb Ihrer Sichtweite, etwa in den Taschen oder hinter dem Rücken, halten. Verstecken diese Menschen etwas vor Ihnen? Absolut! Diese sind klassische „Verheimlichungs"-Bewegungen.

Menschen, die Sie anlügen, können auch herumzappeln und mit ihren Haaren spielen, während sie sprechen. Diese Handlungen spiegeln ihr Bedürfnis wider, Sie von der Wahrheit abzulenken.

## 2. Gesichtsausdrücke

Es kann vorkommen, dass Menschen, die nicht die Wahrheit sagen, in einem bestimmten Moment starren oder wegschauen, bei dem Sie sonst erwarten würden, dass sie mit Ihnen Augenkontakt halten. Es ist ebenfalls möglich, dass solche Menschen ihre Lippen aufeinanderpressen oder sie während einer Lüge spitzen.

Gespitzte Lippen signalisieren oft, dass der Sprecher nicht sagen möchte, was er gerade sagt. Oder zumindest, dass sein

Gehirn es nicht sagen möchte. Flunkern erfordert mehr Energie, weil eine ganze Geschichte konstruiert werden muss. Unser Gehirn möchte aber lieber weniger Energie verbrauchen, weswegen es leichter ist, einfach die Wahrheit zu sagen.

Zusammengepresste Lippen signalisieren oft eine Lüge, bei der Dinge ausgelassen werden. Der Sprecher versucht auf diese Weise, Fakten oder Emotionen auszulassen.

Wenn eine Person blass wird, ist dies ebenfalls oftmals ein Hinweis auf eine Lüge, da Blut aus dem Gesicht abfließt. Übermäßiges Schwitzen kann ebenfalls auf die Unwahrheit hinweisen. Lügende Menschen schwitzen oft in der T-Zone in ihrem Gesicht.

Bei anderen Menschen kann eine Lüge stattdessen trockene Lippen und Augen verursachen. Dies führt dazu, dass eine Person sich ihre Lippen sehr häufig leckt oder häufig mit den Augen blinzelt, was ziemlich offensichtliche Signale sind, auf die man achten muss. Wenn eine Person sich selten die Lippen leckt und es dann plötzlich alle drei Sekunden tut, dann ist dies ein auffälliges Signal.

## 3. Stimmlage

Stress verspannt die Stimmbänder. Möglicherweise können Sie hören, dass die Stimme eines Lügners höher als normal ist.

Sie könnte jedoch auch lauter sein, da die Leute dazu neigen, lauter zu sprechen, wenn sie sich defensiv fühlen. Lügner fühlen sich oft in die Enge gedrängt, wenn sie eine ausgedachte Geschichte erzählen. Doch eine Person, die nicht lügt, hat vielleicht einen Grund, sich in der Defensive zu fühlen. Solche Menschen fühlen sich in Ihrer Nähe nicht wohl, weil Sie sie sich vielleicht an diesen gefürchteten Mathematiklehrer erinnern, und deswegen reden sie lauter.

### 4. Was Lügner sagen

Wenn Floskeln wie „ehrlich gesagt", „offen gesagt" oder „um die Wahrheit zu sagen" zu häufig kommen, dann schöpfe ich Verdacht! Lügner neigen ebenfalls dazu, Füllwörter wie „ähm", „ah" oder „mmh" zu verwenden. Achten Sie auf Versprecher, bei denen sich der Lügner meistens selbst verrät!

# Vertrauen und Ihre Körpersprache

Im Gegensatz dazu können Sie anderen Menschen durch Ihre nonverbale Körpersprache zeigen, dass Sie vertrauenswürdig und ehrlich sind. Es gibt eine Schnittmenge zwischen der Körpersprache, die Sie dazu verwenden, um Ihre Sympathie zu verbessern, und der Körpersprache, die Sie verwenden, um Ihre Mitmenschen von Ihrer Ehrlichkeit zu überzeugen. Vertrauenswürdige Menschen sind sympathischer als solche, die es nicht sind, und andersherum gilt dies ebenfalls.

### 1. Offene Körperhaltung

Sie haben bereits gelernt, dass Sie Interesse an Ihrem Gegenüber signalisieren müssen, um ihn dazu zu bringen, ebenfalls Interesse an Ihnen zu zeigen. Dieses Prinzip trifft auch hier zu. Vertrauenswürdig zu wirken hat eine Menge damit zu tun, dass Sie Ihrem Gegenüber signalisieren, dass Sie ihm vertrauen. Sie sind nicht defensiv, weswegen Sie Ihre Arme und Beine nicht verschränken bzw. überkreuzen. Sie schirmen sich ebenfalls nicht mit einem Tisch oder mit einem vor dem Körper gehaltenen Gegenstand vor Ihrem Gegenüber ab.

Ihr Gegenüber kann Ihre Hände sehen. Lügner verstecken ihre Hände, weswegen Sie dies also nicht tun. Wie bereits in einem früheren Kapitel erwähnt, sieht das Nach-oben-Zeigen der Handflächen nach einer flehenden Geste aus. Nach unten zeigende Handflächen sind hier die bessere Option. Sie können ebenfalls mit Ihren Händen eine Raute formen. Sie möchten ja schließlich, dass Ihre Handhaltung offen und entspannt aussieht und nicht geballt oder angespannt.

Sie blicken Ihr Gegenüber direkt an und nicht an ihm vorbei, als ob Sie etwas zu verbergen hätten oder sich langweilen würden. Ihr Ausdruck ist neutral oder freundlich. Wie immer wirkt auch hier ein Lächeln Wunder.

## 2. Kontrollierte Bewegungen inkl. Spiegeln

Sie halten kontinuierlich Augenkontakt, starren Ihr Gegenüber nicht an oder blicken nicht ständig an ihm vorbei. Außerdem halten Sie Ihren Kopf gerade und wackeln nicht damit umher. Vertrauenswürdige Menschen gelten für gewöhnlich als selbstsicher und stark, weswegen Sie weniger vertrauenswürdig erscheinen, wenn Sie Schwäche oder ein Mangel an Selbstbewusstsein ausstrahlen.

Achten Sie ebenfalls darauf, dass Sie nicht mit Ihren Händen wild herumfuchteln oder plötzliche Bewegungen machen. Ihre Gesten sollten langsam oder, wenn Sie ein Mensch sind, der sich schneller bewegt als andere, mittelschnell sein. Ihre Bewegungen sollten kontrolliert sein. Menschen tendieren zudem dazu, geschmeidige Bewegungen als vertrauenswürdig zu lesen im Gegensatz zu überhasteten Bewegungen.

Spiegeln Sie die Handlungen Ihres Gegenübers, jedoch nicht so präzise wie ein Roboter. Sie möchten Ihrem Gegenüber das Gefühl geben, dass Sie miteinander im Einklang sind, und nicht, dass Sie ein menschenähnlicher Roboter sind.

## 3. Demonstrieren Sie Interesse für Ihr Gegenüber

Neigen Sie Ihren Kopf oder sogar Ihren kompletten Körper nach vorne, um Ihrem Gegenüber zu zeigen, dass Sie zuhören und gerne mehr von ihm erfahren möchten. Sanfte Berührungen drücken oftmals Interesse aus, vor allen Dingen, wenn diese emotionaler Natur sind. Wie ich bereits erwähnt habe, setzen Berührungen außerdem die körpereigenen Botenstoffe frei, die die Bindung und das Vertrauen in einen Menschen förderdert.

Ihre Augenbrauen sind ebenfalls ein großartiges Werkzeug. Sie können damit Überraschung ausdrücken, indem Sie sie nach oben ziehen. Wenn Sie die Augenbrauen zusammenziehen, so weist dies auf Besorgnis hin.

### 4. Zeigen Sie Respekt

Wenn Sie Respekt wollen, dann müssen Sie andere Menschen respektieren! Aufmerksamkeit ist der Schlüssel, also hören Sie sich an, was sie zu sagen haben, und nicken Sie während des Gesprächs langsam (zu schnelles Nicken deutet mehr auf Verärgerung als auf Respekt hin).

Überfordern Sie die Person nicht, mit der Sie sprechen, insbesondere wenn Sie sie nicht kennen. Denken Sie an die kulturellen Unterschiede in Bezug auf den persönlichen Abstand! Es ist jedoch ein Zeichen des Interesses an der anderen Person, wenn Sie die körperliche Distanz zu ihr verringern.

Legen Sie Ihr Handy weg! Sie könnten sich kaum respektloser verhalten, als Ihr Mobiltelefon herauszuziehen und sich direkt während der Unterhaltung damit zu beschäftigen.

## Üben Sie Einfluss aus

Wie werden Sie die erinnerungswürdigste Person im Raum? Hinweis: Ihre Körpersprache hat viel damit zu tun! Untersuchungen zeigen, dass es vier nonverbale Möglichkeiten gibt, um Ihren Einfluss zu erhöhen. Bei der verbalen Sprache gibt es drei Methoden: Stellen Sie offene Fragen, damit Ihre Mitmenschen über sich selbst sprechen. Erzählen Sie Geschichten, ohne zu flunkern, und bitten Sie andere um einen Gefallen. Dies ist der sogenannte Ben-Franklin-Effekt.

Aber lassen Sie uns über das Thema Körpersprache sprechen.

### 1. Verschaffen Sie Ihrem Publikum einen Dopamin-Schub

In Kapitel 1 habe ich über Dopamin gesprochen, einen Neurotransmitter, der im Gehirn freigesetzt wird, wenn der Mensch Freude verspürt. Was auch immer das ist, Ihr Gehirn möchte, dass Sie es noch einmal tun! Wenn das Gehirn der anderen Person Dopamin freisetzt, während Sie miteinander sprechen, stehen Sie nun mit einem Gefühl der Freude in Verbindung. Das Gehirn Ihres Gegenübers möchte, dass Sie in der Nähe sind, weil Sie eine angenehme Wirkung auf ihn haben.

Dieser Effekt ähnelt den Wirkungen von Oxytocin. Wenn Oxytocin freigesetzt wird und sich Ihr Gegenüber in Ihrer Nähe ruhig und entspannt fühlt, verbindet er Sie mit diesem ruhigen und entspannten Gefühl. Die meisten von uns brauchen keinen zusätzlichen Stress in ihrem Leben! Ihr Gegenüber wird Sie sympathisch finden, weil Sie anscheinend seinen Stress abbauen.

Doch wie schaffen Sie es, dass dieser wunderbare Neurotransmitter im Gehirn einer anderen Person freigesetzt wird? Bauen Sie auf emotionaler Ebene eine Verbindung mit ihr auf. Stellen Sie Fragen wie „Was macht Ihnen am meisten Spaß an dem, woran Sie gerade arbeiten?" oder wie „Was war bisher der beste Teil Ihres Tages?" Diese Fragen stimulieren die emotionale Verbindung zwischen Ihnen beiden. Sobald Ihr Gegenüber spricht, können Sie angemessen reagieren, ohne dabei Worte zu verwenden. Lächeln Sie, runzeln Sie die Stirn oder nicken und spiegeln Sie seine Gesten wider.

### 2. Strahlen Sie eine selbstbewusste Körpersprache aus

So wie Sie nicht Ihre Schultern hängen lassen würden, wenn Sie einen Raum betreten oder eine Präsentation halten, sollten Sie auch nicht vor jemandem die Schultern hängen lassen, auf den Sie Einfluss nehmen möchten. Niemand möchte von einer Person angeleitet werden, die nervös oder unsicher erscheint.

Vieles, was Sie in Kapitel 5 über öffentliche Präsentationen gelernt haben, gilt auch für Gespräche mit Personen, auf die Sie Einfluss nehmen möchten. Es ist wichtig, Selbstvertrauen auszustrahlen. Sie sollten nicht mit dem Kopf wackeln, an Ihrer Kleidung zupfen, im Raum umherschauen, Ihre Arme oder Beine verschränken, Ihre Fäuste ballen, Ihre Hände verstecken oder Ihre Hände in die Hüften stemmen.

Achten Sie auf eine gute und aufrechte Körperhaltung und verlagern Sie Ihr Gewicht nicht von einem Bein auf das andere. Bieten Sie einen festen Händedruck an. Ihr Gegenüber sollte sehen können, wo sich Ihre Hände befinden. Stehen Sie der Person, auf die Sie Einfluss nehmen wollen, mit Ihrem Oberkörper, Armen und Beinen direkt zugewandt gegenüber. Halten Sie Augenkontakt. Verwenden Sie Ihre Hände, um die Aussagen, die Sie verbal tätigen, zu verdeutlichen und hervorzuheben.

Gesten und Signale, die Selbstvertrauen demonstrieren, lassen sich immer dann hervorragend üben, wenn Sie bei einem gesellschaftlichen Ereignis sind. Sie sollten all diese Selbstbewusstseins-Posen mit einer anderen Person üben, die Sie nicht unbedingt kennen müssen. Verhalten Sie sich so, als würden Sie Einfluss auf sie nehmen wollen, und schauen Sie, was passiert!

### 3. Zeigen Sie Verletzlichkeit

Wenn Sie anderen Menschen zeigen, dass Sie ihnen vertrauen, indem Sie verletzlich sind, werden sie Sie sympathischer und vertrauenswürdiger finden. Unterschätzen Sie niemals, wie wertvoll Authentizität ist! Ihre Mitmenschen können sich besser in Sie hineinversetzen (und werden Sie sympathischer finden), wenn Sie ihnen zeigen, dass Sie auch nur ein Mensch mit Fehlern sind. Niemand identifiziert sich mit einem

Roboter oder jemandem, der entweder perfekt zu sein scheint oder zu denken scheint, dass er perfekt ist!

Emotionen zuzulassen ist eine gute Möglichkeit, um Verwundbarkeit zu zeigen. Denken Sie noch einmal an James Bond. Scheint er verletzlich zu sein? Nicht oft. Zeigt er Emotionen? Nicht oft. Wut vielleicht. James Bond hat nicht viele Emotionen.

Dies ist in Ordnung, wenn Sie ein Superagent sind, der Schurken tötet, bevor sie den Planeten zerstören. Aber wenn Sie, wie ich vermute, kein Superagent sind, dann erlauben es Ihre Emotionen, dass Ihre Mitmenschen sich mit Ihnen identifizieren können.

Dies kann ebenfalls etwas sein, das Sie üben müssen, insbesondere wenn Sie kein Mensch sind, der immer das sagt, was er denkt. Wenn Sie traurig sind, dann zeigen Sie es Ihrem Umfeld. Fühlen Sie die Emotionen, die Sie gerade haben, und lassen Sie Ihren Körper diese Emotionen zeigen. Und ja, es kann passieren, dass Sie dann eine Zeit lang Ihre Schultern hängen lassen oder auf den Boden schauen.

Wahrscheinlich denken Sie nun, dass dies völlig anders klingt als das, was ich Ihnen beigebracht habe. Um selbstbewusst zu sein, sollte man doch aufrecht stehen und lächeln! So wollen Sie sich Ihrem Publikum präsentieren und dies sollte auf jeden Fall der erste Eindruck sein, den Sie machen.

Doch wenn Sie sich die Geschichte einer Person anhören oder sogar Ihre eigene Geschichte erzählen, dann ist es in Ordnung, Ihre Emotionen auf nonverbale Art und Weise zu zeigen. Wenn Sie einen Moment für sich brauchen, dann nehmen Sie ihn sich.

## 4. Seien Sie charismatischer

Wenn Sie Ihren Einfluss auf andere Menschen erhöhen, so bedeutet dies, dass Ihre Wirkung auf andere Menschen positiv und bedeutsam ist. Sie haben es vermutlich mittlerweile verstanden: Wir Menschen mögen solche Zeitgenossen, die uns ein gutes Gefühl geben. Glücklicherweise ist dies eine weitere Fähigkeit, die man lernen kann. Einige Menschen scheinen mit einem angeborenen Gespür dafür auf die Welt zu kommen, wie andere Menschen sich in ihrer Nähe bedeutsam fühlen können. Doch der Rest von uns muss dies erlernen.

Wie Maya Angelou einmal sagte, erinnern sich die Leute vielleicht nicht an die Worte, die Sie gesagt haben, oder an die Handlungen, die Sie gemacht haben, aber sie werden sich daran erinnern, was für ein Gefühl Sie ihnen gaben. Charismatische Menschen geben anderen durch ihren verbalen und nonverbalen Kommunikationsstil ein gutes Gefühl.

Wenn das für Sie keinen Sinn ergibt, denken Sie an die Menschen, die Sie beeinflusst haben – ein Elternteil, ein religiöser Anführer, ein Trainer, ein Lehrer, eine Person, die Sie nie persönlich getroffen haben, aber von der Sie gelesen oder gehört haben. Was für ein Gefühl haben diese Menschen in Ihnen verursacht? Minderwertig oder sogar noch schlimmer? Inkompetent oder unfähig?

Es ist durchaus möglich, dass Sie negativ beeinflusst wurden. Ein Erwachsener hat Ihnen vielleicht früher einmal gesagt, dass Sie es niemals zu etwas bringen würden. Deswegen haben Sie hart gearbeitet und es geschafft, und zwar nur, um diese Person zu ärgern! Solche Fälle gibt es. Aber häufiger werden die Menschen von den Personen beeinflusst, die ihnen ein gutes Gefühl gegeben haben, die ihnen gesagt haben, dass sie es schaffen können und dass sie gleich viel wert sind wie alle anderen Menschen auf dem Planeten.

Um charismatisch zu sein (siehe auch das vorherige Kapitel), müssen Sie eine Verbindung zu der Person haben, mit der Sie sich unterhalten. Schauen Sie nicht woanders hin und achten Sie nicht auf eine andere Person. Konzentrieren Sie sich auf das, was Ihr Gegenüber sagt, und lehnen Sie sich ein wenig vor, um es besser zu hören und Interesse zu zeigen. Ihr Oberkörper und Ihre Füße sind auf Ihr Gegenüber gerichtet und signalisieren, dass Sie in diesem Moment genau dort sein möchten, um mit ihm zu sprechen, und nicht woanders.

Zu Charisma gehört auch Macht, und zwar in dem Sinne, andere zu beeinflussen. Aus diesem Grund ist Selbstvertrauen Ihr bester Verbündeter. Sie strahlen aus, dass Sie wissen, was Sie tun, und dass Sie wissen, wo die Reise hingeht. Sie vermeiden Anzeichen für Nervosität und Angst wie nervöses Herumzappeln oder Herumziehen an Kleidung und Haaren. Sie strahlen Autorität aus, da Sie während des Sprechens Ihren Kopf gerade halten und nicht damit wackeln.

Die dritte Eigenschaft von Charisma ist Herzlichkeit, was ebenfalls Ihre Sympathiewerte erhöht. Wenn Sie pure Macht ausstrahlen, dann könnten Sie aggressiv wirken und nicht angenehm und herzlich. Lächeln und nicken Sie an den passenden Stellen, wenn Sie einer Person zuhören. Dadurch wirken Sie herzlich. Zu den Anzeichen einer warmen Körpersprache gehört ebenfalls eine offene Körperhaltung, eine offene Handhaltung sowie viele Gesten mit Armen und Händen.

Wenn Sie Ihre Fähigkeiten zur Beeinflussung anderer Menschen geübt haben, sollten Sie darauf achten, dass Sie diese Fähigkeiten zum Guten und nicht zum Bösen einsetzen. Wenn Sie andere in eine positive Richtung beeinflussen, fühlen sich nicht nur die anderen besser, sondern auch Sie selbst werden sich besser fühlen. Wir Menschen sind schließlich soziale Wesen und wenn wir anderen Menschen helfen, wie auch immer dies für jeden von uns definiert sein mag, fühlen wir uns selbst besser. Wir bekommen selbst einen Dopamin-Schub sowie einen Schub von anderen Neurotransmittern, wenn wir anderen Menschen helfen.

## Zusammenfassung des Kapitels

Tiefe Verbindungen zu anderen Menschen aufzubauen ist ein wichtiges Instrument für das Überleben des Menschen. Wir haben uns weiterentwickelt, um Beziehungen zu anderen Menschen aufzubauen, und zwar unabhängig davon, ob wir uns mit einigen wenigen engen Verbindungen wohlfühlen, wenn wir eher introvertiert sind, oder lieber mehr solcher Verbindungen aufbauen möchten, wenn wir eher extrovertiert sind. Die Körpersprache ist der Schlüssel, um sinnvolle Beziehungen zu anderen aufzubauen. Die Körpersprache verdeutlicht unsere Botschaft und zeigt unserem Gegenüber, dass wir vertrauenswürdig und sympathisch sind und dass wir Interesse an ihm haben. Im Gegenzug möchte unser Gegenüber ebenfalls eine bessere Beziehung zu uns aufbauen.

- Einige Formen der Körpersprache sind eindeutig positiv oder negativ. Andere Formen können mehrdeutig sein. Der Kontext ist oftmals wichtig, um unklare Gesten wie das Halten der Hände hinter dem Rücken, Starren oder auch das Herausdrücken der Brust richtig einzuordnen und die Botschaft zu verstehen. Kulturelle Unterschiede sollten ebenfalls berücksichtigt werden.
- Wir Menschen wollen Beziehungen zu anderen Menschen aufbauen, denen wir vertrauen und die wir mögen. Selbst sympathisch zu wirken hilft Ihnen dabei, Beziehungen zu anderen aufzubauen, auch wenn Sie diese Menschen zum ersten Mal in Ihrem Leben treffen. Es gibt zehn Möglichkeiten, um allein durch nonverbale Kommunikation Ihre Sympathiewerte zu verbessern und Vertrauenswürdigkeit auszustrahlen. Dazu gehört ein herzliches, ehrliches Lächeln, eine offene und selbstbewusste Körpersprache sowie die Einstellung, jeden Menschen als einen Freund zu betrachten, den Sie nur noch nicht kennengelernt haben.
- Nicht jeder wird Sie mögen und das ist völlig in Ordnung. Dies muss nicht unbedingt mit Ihnen als Person etwas zu

tun haben. Sie sollten dies auch nicht als Herausforderung oder Gelegenheit betrachten, einen anderen Menschen zu „bekehren". Es wird Ihnen mehr bringen, wenn Sie Ihre Zeit dazu nutzen, andere Menschen zu finden, die Interesse an Ihnen zeigen und die Sie wirklich gerne besser kennenlernen wollen.

- Sie müssen nicht jeden mögen, insbesondere dann nicht, wenn Sie denken, dass Ihr Gegenüber nicht ehrlich zu Ihnen ist. Zum Glück können Sie solche Zeitgenossen durch ihre Körpersprache entlarven. Sie werden unbewusste Veränderungen in deren normaler Grundhaltung erkennen. Lügner tendieren dazu, ihre Bewegungen, Gesichtsausdrücke, Stimmlage und Worte, die sie benutzen, zu verändern. Es ist jedoch ebenfalls möglich, dass eine Person solche Verhaltensweisen an den Tag legt, weil sie sich aus irgendwelchen Gründen unwohl und nervös fühlt, und nicht deswegen, weil sie tatsächlich lügt.

- Indem Sie Ihre Verbindung zu anderen Menschen verbessern, können Sie auch Ihren Einfluss vergrößern. Es gibt sieben Methoden, um stärker im Gedächtnis von anderen Menschen zu bleiben und vier davon sind nonverbaler Natur. Dazu gehören das Zeigen von Verletzlichkeit durch Emotionen sowie die Freisetzung von positiven Neurotransmittern durch Ihre Körpersprache.

Das nächste Kapitel enthält umsetzbare Schritte zur nonverbalen Kommunikation in Ihrem Alltag. Egal, ob es darum geht, das Verständnis anderer für Ihre Botschaft zu verbessern oder bessere Beziehungen zu anderen aufzubauen: Wenn Sie konsequent üben, werden sich Ihre Fähigkeiten verbessern.

**KAPITEL 7:**

# Vielseitige Körpersprache-
# Übungen für jeden Tag

Sie müssen nicht auf eine Präsentation oder eine Networking-Veranstaltung warten, um Ihre neu erworbenen Kommunikationsfähigkeiten anzuwenden! Die folgenden Körpersprache-Übungen können Ihnen ebenfalls bei den Beziehungen helfen, die Sie bereits haben, und Ihnen jeden Tag mehr Selbstbewusstsein verleihen.

Trainieren Sie regelmäßig, sodass Sie die Körpersprache jeden Tag anwenden können. Üben Sie die unten beschriebenen Techniken und kommunizieren Sie genauso, wie Sie es möchten, ohne dabei Worte zu verwenden!

1. **Verbessern Sie Ihr Selbstbewusstsein durch Machtposen**

   Wie beim Lächeln fühlen Sie sich ebenfalls selbstsicherer, wenn Sie eine selbstbewusste Pose einnehmen. Stellen Sie sich mit breiten Beinen hin und nehmen Sie dabei bewusst viel Raum ein. Stemmen Sie Ihre Hände in die Hüften. Führen Sie jede Pose etwa eine Minute lang aus, damit Ihr Körper wirklich verinnerlichen kann, was Sie da gerade tun.

   Machen Sie nur keine Machtposen vor anderen Menschen! Diese Posen können als aggressiv angesehen werden. Sie können jedoch die Superman-Pose allein in Ihrer Wohnung machen, bevor Sie morgens das Haus verlassen. Gönnen Sie sich einen zusätzlichen Power-Schub!

## 2. Übertreiben Sie es beim Präsentieren

Was sich für uns extrem dynamisch anfühlt, sieht für Ihr Publikum oft langweilig oder öde aus. Sie müssen Ihre normalen Energiegrenzen überschreiten, wenn Sie vor anderen sprechen.

Eine gute Balance ist jedoch wichtig! Sie müssen es nicht vollkommen übertreiben! Dass Sie illegale Substanzen konsumieren, ist nicht der Anschein, den Sie vor Ihrem Publikum erwecken wollen. Sie müssen jedoch ein wenig dynamischer als sonst sein.

## 3. Lächeln Sie

Zum einen werden Sie sich besser fühlen, wenn Sie lächeln. Wie funktioniert das? Nun ja, wenn Sie die Stirn runzeln oder mürrisch dreinblicken, dann bekommt Ihr Körper die Botschaft, dass Sie etwas Schwieriges machen. Dadurch wird Ihr Stresslevel erhöht, um mit dieser Aufgabe klarzukommen. Ihr Gehirn kann den Unterschied zwischen einer Situation, die schwierig ist, weil ein hungriger Tiger darin eine Rolle spielt oder weil Sie an einem schwierigen Matheproblem sitzen, nicht erkennen.

Versuchen Sie zu lächeln, wenn Sie das nächste Mal bemerken, dass Sie die Stirn runzeln. Verändern Sie diese Verhaltensweise bewusst und achten Sie darauf, was danach passiert.

Zum anderen hat Ihr Lächeln ebenfalls einen positiven Einfluss auf die Menschen in Ihrer Umgebung, die Ihr Lächeln sehen können. Wenn Sie lächeln, dann lächelt Ihr Gegenüber ebenfalls. Wir spiegeln oftmals solche Personen, die wir mögen und denen wir vertrauen. Helfen Sie Ihren Freunden, indem Sie lächeln, sodass ihr Stress ein wenig gelindert wird!

## 4. Posieren Sie für die Kamera, wenn jemand auf Konfrontationskurs geht

Supermodels schauen selten direkt in die Kamera, sondern eher seitlich. Normalerweise gilt es als herzlich und vertrauenswürdig, wenn Sie einer anderen Person direkt gegenüberstehen. Doch manchmal kann dies auch als bedrohlich oder streitsüchtig angesehen werden. Halten Sie Augenkontakt, aber drehen Sie sich weg, sodass Sie seitlich zu der anderen Person stehen.

Wenn möglich, dann stellen Sie sich neben die andere Person, da es sich hierbei um eine gemeinschaftliche Position handelt. Dies kann hilfreich sein, wenn das seitliche Wegdrehen nicht ausreicht, um die Bedrohungsempfindung der anderen Person zu senken.

## 5. Gestikulieren Sie, aber nicht höher als Ihre Schultern

Sprechen Sie mit Ihren Händen! Durch mehr Gesten wirken Sie energiegeladener, dynamischer und sympathischer. Zudem fällt Ihnen die Unterhaltung leichter, je mehr Sie Ihre Hände während des Gesprächs benutzen.

Bewegungen oberhalb Ihrer Schulter sehen merkwürdig aus, also vermeiden Sie sie. Sie können viele Gesten verwenden, auch ohne dabei Ihre Hände gen Himmel zu strecken.

## 6. Bringen Sie Ihr Gegenüber dazu, sich zu bewegen

Eine gute Möglichkeit, um andere Menschen mit einzubeziehen, besteht darin, sie dazu zu bringen, sich zu bewegen. Dies gilt insbesondere dann, wenn sie defensiv sind. Wenn jemand beispielsweise mit verschränkten Armen dasitzt (eine typische defensive Körperhaltung), dann können Sie diese Person fragen, ob sie einen Drink will oder ob sie Ihren Stift halten kann, während Sie Ihre Visitenkarten hervorkramen.

Stehen Sie vor einer Gruppe von Menschen? Sie können ihnen Fragen stellen, bei denen sie ihre Hände heben müssen. Lassen Sie Gegenstände herumgehen. Vielleicht schaffen Sie es sogar, dass sich diese Personen von ihren Stühlen erheben müssen, um etwas zu tun. Es kann sein, dass diese Personen zu Beginn ein wenig zögerlich sind, wenn sie aufstehen müssen. Doch Sie werden schon bald feststellen, dass sie zum Schluss der Übung viel entspannter und offener sind!

### 7. Wenden Sie Ihren Blick ab, um nachzudenken, bevor Sie sprechen

Wenn jemand Ihnen eine Frage stellt, bei der Sie nachdenken müssen, dann wenden Sie typischerweise Ihren Blick ab, schauen nach oben, zur Seite oder auf Ihre Füße.

Achten Sie darauf, dass Sie wieder eine offene und aufrechte Körperhaltung einnehmen, bevor Sie antworten. Halten Sie während des Antwortens Augenkontakt, auch wenn Sie diesen während des Nachdenkens unterbrechen mussten. Wenn Sie keinen Augenkontakt halten, während Sie antworten, dann kann es passieren, dass Ihr Gegenüber denkt, dass Sie zwielichtig sind oder dass Sie etwas zu verbergen haben.

## Verwenden Sie die Körpersprache, um Ihr eigenes Leben und Ihren Charakter zu verbessern

Die nonverbale Kommunikation spielt sich nicht nur zwischen Ihnen und anderen Menschen ab. Es gibt Rückkopplungsschleifen zwischen Ihren Handlungen und Ihrem Gehirn. Wir haben zum Beispiel bereits über das Thema Lächeln gesprochen. Wenn Sie Ihren Gesichtsausdruck ändern und lächeln, dann verändert dies Ihren Körper, da Stress abgebaut wird. Es gibt jedoch noch weitere Eigenschaften und Stimmungslagen, die Sie verbessern können, indem Sie die Kommunikation mit sich selbst anpassen!

### 1. Glaubwürdigkeit verbessern

Wenn Sie die Kraft der Berührungen häufiger und bewusster einsetzen, signalisiert dies der Person, die berührt wird, dass Sie es ernst mit dem meinen, was Sie sagen. Tatsächlich können Sie Emotionen noch besser vermitteln, indem Sie nur eine Hand auf den Arm Ihres Gegenübers legen!

### 2. Ihrer Kreativität einen Schub verleihen

Viele von Ihnen werden diesen Punkt LIEBEN! Müssen Sie kreativer und innovativer sein? Dann legen Sie sich hin! Ich bin mir jedoch nicht sicher, ob Ihr Chef es gut findet, wenn Sie ein Bett in Ihr Büro stellen.

Es wird angenommen, dass dieser Effekt durch den Neurotransmitter Noradrenalin verursacht wird, der in Kapitel 1 näher erläutert wird. Mehr von diesem Neurotransmitter wird im Stehen freigesetzt und hemmt tendenziell die Kreativität.

### 3. Verbessern Sie Ihre Willenskraft

Und zwar, indem Sie Ihre Muskeln trainieren! Dadurch können Sie nicht nur besser mit negativen Informationen umgehen, sondern auch ungesunden Lebensmitteln und Angewohnheiten besser widerstehen.

### 4. Sie bleiben standhaft

Wir wissen bereits, dass das Verschränken der Arme eine defensive Körperhaltung darstellt. Was Sie jedoch möglicherweise nicht wissen, ist, dass diese Körperhaltung uns tatsächlich bei schwierigen Problemen hilft. Wenn Sie also das Gefühl haben, dass Sie ein schwieriges Problem lösen müssen, dann verschränken Sie die Arme.

Dies ist eine Körperhaltung, die Sie vielleicht lieber im Privaten machen sollten, damit kein falscher Eindruck erweckt wird. Das Verschränken der Arme kann ebenfalls Ihre Nervosität verringern.

### 5. Sie sind der Schüssel

Machtposen verbessern das Selbstbewusstsein. Genau wie das Verschränken der Arme sollten diese Machtposen ebenfalls außer Sichtweite von anderen ausgeführt werden. Nehmen Sie die Superman-Pose ein und spüren Sie, wie Sie selbstsicherer werden! Diese Pose können Sie immer dann nutzen, wenn Sie einen kleinen Selbstbewusstseinsschub brauchen.

### 6. Lindern Sie den Stress

Durch die positive Rückkopplungsschleife, die durch ein Lächeln entsteht, wird der Cortisolspiegel in Ihrem Blutkreislauf gesenkt, was dazu führt, dass Sie sich weniger gestresst fühlen. Ihr Publikum wird sich ebenfalls weniger gestresst fühlen, wenn Sie lächeln und zurücklächeln. Und anstelle einer negativen Stress-Abwärtsspirale geht es allen besser.

### 7. Machen Sie es sich bequem

Haben Sie einen Freund, in dessen Nähe Sie sich immer ein wenig unwohl fühlen? Vermutlich nicht. Sie fühlen sich wohl in der Nähe Ihrer Freunde und andersherum ebenso. Je wohler sich eine Person in Ihrer Nähe fühlt, desto höher ist die Wahrscheinlichkeit, dass er Sie mag, auch wenn er Sie noch gar nicht kennt.

Und das Beste daran ist, dass es hierbei einen kleinen Trick gibt. Neigen Sie Ihren Kopf nach vorne, wenn Sie jemandem vorgestellt werden. Auf diese Weise signalisieren Sie dieser Person, dass Sie sich freuen, sie kennenzulernen, was dazu führt, dass sie dazu neigt, Sie stärker zu mögen. Dies spiegelt sich wiederum in ihrer Körpersprache wider und gibt Ihnen das Gefühl, sich wohler zu fühlen. Und genau das ist die positive Rückkopplung, die Sie haben möchten!

## 8. Die Emotionen anderer Menschen besser verstehen

Wenn Sie versuchen, eine Verbindung zu jemandem einzugehen, dann kann es sein, dass Sie damit Schwierigkeiten haben. Dies wird besser werden, indem Sie Ihr Gegenüber nachahmen.

Hierbei handelt es sich um eine etwas andere Rückkopplungsschleife. Das Spiegeln der Körpersprache einer anderen Person spiegelt deren Emotionen wider, was wiederum diese Emotionen in Bezug auf Sie erzeugt.

Es ist auch wahrscheinlicher, dass Menschen sich mit jemandem anfreunden, dessen Gesichtsausdruck den ihren widerspiegelt. Sie werden also tatsächlich positive Emotionen bei Ihrem Gegenüber wecken, auch wenn die von Ihnen gespiegelten Emotionen nicht so positiv waren.

## 9. Seien Sie ein Supermodel

Nehmen Sie Spannung aus einer Unterhaltung, indem Sie sich seitlich neben eine Person stellen, die sich von dem, was Sie sagen, bedroht oder herausgefordert fühlen könnte. Dies gilt auch für Situationen, in denen Ihr Gegenüber bereits auf Konfrontationskurs ist.

Positionieren Sie Ihre Füße so, dass Sie wie ein Supermodel dastehen und nicht direkt in die Kamera blicken (oder Ihrem Gegenüber direkt in sein Gesicht). Dies ist eine weniger kontroverse Pose als von Angesicht zu Angesicht, besonders wenn sich die Gesichter viel zu nahe beieinander befinden!

## 10. Gedächtnisstütze

Wie sich herausgestellt hat, lernen Kinder besser, wenn sie ihre Hände benutzen. Und dasselbe trifft auch bei Erwachsenen zu! Hierbei handelt es sich um eine alternative Methode, um neue Informationen im Gehirn zu verankern.

### 11. Fühlen Sie sich wie ein Cheerleader

Fühlen Sie sich nicht glücklich und optimistisch? Pompons helfen hierbei zwar nicht, Kaugummis aber schon (wählen Sie jedoch Ihren Zähnen zuliebe zuckerfreien Kaugummi). Kaugummi kann Sie wacher machen und Ihnen dabei helfen, sich zu konzentrieren. Außerdem hebt Kaugummikauen Ihre Laune.

Arbeiten Sie an einem schwierigen Problem? Legen Sie sich hin, verschränken Sie die Arme und kauen Sie etwas Kaugummi. Fühlen Sie sich vor einem Networking-Event nervös? Machen Sie außerhalb der Sichtweite von anderen Menschen die Superman-Pose, lächeln Sie und neigen Sie Ihren Kopf nach vorne, wenn Sie neue Leute kennenlernen.

## Wie Sie die Fähigkeit, Körpersprache zu lesen, verbessern

Nonverbale Kommunikationshinweise sind komplex. Es kann vorkommen, dass eine Person mehrere Hinweise aussendet, die allesamt unterschiedliche Bedeutungen haben! Es gibt zwar allgemeine Regeln, die in den meisten Fällen verwendet werden können, jedoch ist dabei stets der Kontext zu beachten. Die meisten Menschen, die mehr über die nonverbale Kommunikation lernen möchten, befassen sich nur kurz mit diesem Aspekt und nehmen sich daher nicht die Zeit, um diese Botschaften zu erlernen.

Die Fähigkeit, die nonverbale Sprache anderer Menschen zu lesen, kann jedoch erlernt werden. Es handelt sich definitiv um eine Art von Wissen, das man entweder anwendet oder wieder verlernt. Aus diesem Grund ist es wichtig, dass Sie täglich üben. Das Lesen und die effektive Nutzung der nonverbalen Kommunikation beschränkt sich auf einige wichtige Punkte.

## 1. Bewusstsein

Zunächst einmal müssen Sie einige grundlegende nonverbale Botschaften erkennen sowie die Art und Weise, wie diese gesendet werden. Es kann sein, dass Sie sich zu Beginn der Signale, die Sie senden, nicht einmal bewusst sind, geschweige denn, was sie bedeuten. Wie drücken Sie Emotionen aus?

Wenn Sie die Hinweise erlernen, kann Ihnen dies ebenfalls dabei helfen, Ihre eigene Körpersprache weiterzuentwickeln. Zudem können Sie schließlich besser lesen, was andere Menschen Ihnen ohne Worte sagen möchten.

## 2. Der Wunsch zu lernen

Wenn Sie sich nicht für nonverbale Hinweise interessieren, dann kann es passieren, dass Sie nicht allzu viel über das Thema nonverbale Kommunikation lernen werden. Wenn Sie jedoch wirklich tiefe Verbindungen zu anderen Menschen aufbauen oder ein toller Redner und Präsentator werden möchten oder wenn Sie sicherstellen möchten, dass Sie eindeutige und unmissverständliche Botschaften aussenden, dann wird das Erlernen dieser „Sprache" Ihnen viele Vorteile bringen.

## 3. Feedback erhalten

Manchmal ist es schwer zu erkennen, was unser Körper gerade macht, insbesondere wenn wir uns noch am Beginn des Prozesses befinden. Sind Sie wirklich dynamisch? Oder verschließen Sie sich gerade, ohne es zu bemerken?

Feedback ist wichtig für Sie, um die Botschaft zu verstehen, die Sie tatsächlich aussenden. Zudem trägt Feedback dazu bei, dass Sie Ihr Gegenüber korrekt lesen.

Wenn Sie keinen Mentor oder Kollegen haben, der Ihnen helfen möchte, dann fragen Sie Freunde oder Familienangehörige.

## 4. Üben, üben, üben

Wie oben bereits erwähnt ist die nonverbale Kommunikation eine Fähigkeit, die über die Zeit immer wieder angewandt werden muss. Es wird nicht passieren, dass Sie plötzlich einen Aha-Moment haben und dann nie wieder Ihre Schultern hängen lassen werden.

Versuchen Sie stattdessen, diese Übungen so häufig wie möglich zu üben. Wenn Sie dieses Buch gelesen haben, dann kennen Sie bereits einige Beispiele. Sie wissen jetzt, dass eine aufrechte Körperhaltung das Selbstvertrauen steigert. Nehmen Sie jetzt sofort eine gerade Körperhaltung ein, auch wenn Sie gerade sitzen.

Sie wissen, dass ein (ehrliches) Lächeln einen positiven Rückkopplungseffekt hat. Wenn ein Lieferant das nächste Mal an Ihrer Tür klingelt, neigen Sie den Kopf nach vorne. Wenn Ihr Onkel beim nächsten Familienfest angriffslustig ist, dann stellen Sie sich seitlich neben ihn, wenn Sie das Bedürfnis haben, ihm zu sagen, wieso er unrecht hat.

Die nonverbale Kommunikation ist genau wie viele andere Fähigkeiten: Je öfter Sie daran arbeiten, desto besser werden Sie. Konnten Sie schon beim ersten Mal perfekt Fahrradfahren? Was ist passiert, als Sie zum ersten Mal Auto gefahren sind? Waren Sie gleich ein toller Schwimmer, als Sie zum ersten Mal geschwommen sind? Sogar Olympiasieger müssen üben, üben und nochmals üben.

Vielleicht werden Sie niemals die erinnerungswürdigste Person im Raum sein. Vielleicht werden Sie niemals an den Punkt gelangen, wo Sie wissen werden, was eine Person sagen möchte, bevor sie überhaupt den Mund öffnet. Aber Sie können erinnerungswürdiger werden. Sie können besser darin werden, zu verstehen, was Ihr Gegenüber sagt. Sie können Ihre eigenen Botschaften klarer artikulieren.

Verbesserung ist besser als nichts!

# EQ: Genauso wichtig wie der IQ

Die meisten Menschen kennen den IQ oder den Intelligenzquotienten als Maßeinheit für Intelligenz. Aber kennen Sie den EQ oder den emotionalen Quotienten? Es gibt keinen Standard-EQ-Test. Emotional intelligente Menschen verstehen ihre eigenen Emotionen und können sich auch in andere Menschen hineinversetzen. Der EQ ist eine wichtige Fähigkeit, die Sie entwickeln müssen, wenn Sie Ihre Beziehungen zu anderen Menschen oder sogar zu sich selbst verbessern möchten, da wie beim Lächeln eine Rückkopplungsschleife zwischen Ihren Ausdrücken, Ihren Emotionen und Ihrer Körpersprache besteht.

Es gibt vier Komponenten Ihres EQ, die sich direkt auf die Körpersprache beziehen.

### 1. Eigenwahrnehmung

Um andere Menschen lesen und verstehen zu können, müssen Sie sich zuerst selbst verstehen. Was sind Ihre Trigger? Was sind Ihre Vermeidungs- oder Abwehrmechanismen? Wozu neigen Sie, wenn Sie müde/gereizt/frustriert sind? Hierbei handelt es sich um die Fähigkeit, sich selbst fast so einzuschätzen, als ob Sie eine andere Person wären.

Wenn Sie sich Ihrer selbst bewusst sind, können Sie untersuchen, ob Ihre nonverbale Kommunikation die richtige Nachricht sendet. Möchten Sie zuversichtlich erscheinen? Überprüfen Sie, ob Sie aufrecht stehen.

### 2. Selbst-Management

Dies ist Ihre Fähigkeit, Ihre Handlungen zu regulieren. Sie mögen müde, gelangweilt und frustriert sein, jedoch möchten Sie dies nicht immer zeigen. Selbst wenn Sie Lust haben, körperlich oder verbal zurückzuschlagen, halten Sie sich zurück.

Wenn Sie Ihre Handlungen nicht kontrollieren können, können Sie natürlich nicht nonverbal so kommunizieren wie sie es vorhaben. Wenn Sie frustriert sind, dann lächeln Sie vielleicht dennoch, weil Sie wissen, dass es ein positives Feedback verursachen kann.

### 3. Bewusstsein anderen Menschen gegenüber

Hoffentlich konnten Sie nach dem Lesen dieses Buches Ihre Fähigkeit verbessern, andere Menschen zu lesen. Sie haben ein Gefühl für die Bedürfnisse und Gefühle anderer entwickelt und können entsprechend reagieren.

Ein Großteil der Fähigkeit, andere Menschen zu lesen, liegt in der Körpersprache. Emotionen werden am häufigsten nonverbal ausgedrückt und Sie müssen in der Lage sein, diese Hinweise zu erfassen. So verstehen Sie die Botschaft Ihres Gegenübers und können sich in ihn hineinversetzen.

### 4. Beziehungs-Management

Können Sie gut mit anderen Menschen interagieren? Je besser Sie im Bereich des Beziehungs-Managements sind, desto besser sind Ihre Beziehungen. Es ist dabei egal, ob Sie introvertiert sind und mit nur wenigen Menschen eine enge Verbindung haben oder ob Sie ein extrovertierter Mensch mit vielen Kontakten sind. Ein soziales Netzwerk ist der Schlüssel zum menschlichen Glück.

In Bezug auf die Körpersprache müssen Sie Ihre Haltung und Gesten je nach Situation ändern und anpassen.

Fünf Emotionen treten in Beziehungen auf, insbesondere bei der Arbeit. Es gibt allgemeine Ausdrücke dieser fünf Emotionen. Sie können lernen, diese zu erkennen.

### 5. Selbstvertrauen

Haben Sie einen selbstbewussten Kollegen? Jemand, der immer oder fast immer ein Gefühl der Selbstsicherheit ausstrahlt? Denken Sie über sein Verhalten nach. Dieser Kollege hat wahrscheinlich einen zielstrebigen Gang und bietet einen festen Händedruck an. Er ist entspannt, hat eine offene Körperhaltung und gestikuliert viel. Er hält Augenkontakt auf eine Weise aufrecht, die darauf hindeutet, dass er hören möchte, was Sie zu sagen haben.

## 6. Nervosität

Kennen Sie dagegen jemanden, der ständig blinzelt oder oft wegschaut? Ein solches Verhalten lässt nicht auf Selbstvertrauen schließen, oder? Ein solcher Kollege bietet Ihnen eher einen schlaffen Händedruck als einen festen an.

Sein Gang ist unsicher und wenn dieser Kollege steht (oder sitzt), dann sehen Sie wahrscheinlich, dass seine Arme ziemlich häufig vor seiner Brust verschränkt sind.

## 7. Defensive Haltung

Menschen mit einer defensiven Haltung tendieren ebenfalls dazu, ihre Arme vor der Brust zu verschränken. Sie sehen Ihnen ebenfalls nicht direkt in die Augen, sondern auf den Boden. Wenn sie überhaupt ihre Hände bewegen, so sind ihre Gesten klein und unscheinbar. Ihre Hände und ihr Gesichtsausdruck sind verkrampft. Wahrscheinlich wenden solche Menschen Ihnen auch nicht ihren Körper zu.

## 8. Langeweile

Diese Person hat kein Interesse daran, Ihnen zuzuhören, bzw. an dem, was Sie zu sagen haben. Von daher nimmt sie, wenn überhaupt, kaum Augenkontakt zu Ihnen auf. Sie hat möglicherweise einen glasigen oder leeren Blick und sie kritzelt mit ihrem Stift herum oder schaut auf ihr Mobiltelefon.

Eine solche Person sitzt nicht gerade, sondern lümmelt auf ihrem Stuhl.

### 9. Denken vor dem Sprechen

Den Augenkontakt zu unterbrechen ist nicht immer schlecht. Dies könnte auch nur darauf hinweisen, dass die Person nachdenkt. Wenn dem so ist, kann es passieren, dass sie in die Ferne oder nach oben schaut.

Es gibt viele Kopf- und Handgesten, die wir Menschen beim Denken verwenden. Manchmal schauen wir nicht nur weg, sondern neigen unsere Köpfe zudem. Es könnte sein, dass sich eine Person während des Nachdenkens am Kinn streichelt, sich auf ihrer Hand abstützt oder eine Hand an ihre Wange legt.

Sobald eine solche Person fertig mit ihren Überlegungen ist, nimmt sie wieder Augenkontakt zu Ihnen auf.

## Zusammenfassung des Kapitels

- Die Fähigkeit, die Körpersprache von anderen Menschen zu lesen und Ihre verbalen Aussagen an Ihre nonverbale Botschaft anzupassen, erfordert eine Menge Übung.
- Die nonverbale Kommunikation ist eine Fähigkeit, die man ständig üben muss, da man sie sonst verliert.
- Es gibt sieben Möglichkeiten, um die Körpersprache-Kommunikation in Ihrem Alltag zu üben. Dazu gehört, dass Sie Ihre Körperhaltung ändern, wenn Sie in einem Gespräch auf Konflikte stoßen, und beim Überlegen wegsehen, bevor Sie etwas sagen.
- Sie können die Körpersprache auf elf verschiedene Möglichkeiten nutzen, um Ihre eigene Stimmung und Ihren Charakter zu verbessern oder zu verändern. Machen Sie Machtposen, um Ihr Selbstbewusstsein zu stärken, verschränken Sie Ihre Arme, um ein schwieriges Problem zu lösen und kauen Sie Kaugummi, um Ihre Aufmerksamkeit zu erhöhen.

- Es gibt vier Möglichkeiten, um Ihre Fähigkeiten in Bezug auf das Lesen von Körpersprache täglich zu verbessern und zu diesen Methoden gehört das Erhalten von Feedback sowie der aufrichtige Wunsch, diese Fähigkeiten zu erlernen.

- Da die Körpersprache oftmals Emotionen ausdrückt, werden Sie umso besser in der Interpretation dessen sein, was andere Menschen „sagen", je höher Ihre emotionale Intelligenz (EQ) ist.

- Es gibt Emotionen und Stimmungen, die oftmals auftauchen, wie beispielsweise Langweile oder Defensivität. Diese Stimmungslagen und Gefühle haben Signale, die Sie zu erkennen lernen können, wie ein Mangel an Augenkontakt oder Bewegungen der Arme.

# SCHLUSSFOLGERUNG

Die Körpersprache ist ein wichtiger Bestandteil der Kommunikation zwischen zwei Menschen. Warum passiert es so oft, dass Menschen E-Mails und Textnachrichten falsch verstehen? Weil die Körpersprache fehlt! Sogar Telefonate sind besser, da der Tonfall einen wichtigen Hinweis auf die Botschaft der sprechenden Person darstellt. Ohne die nonverbale Kommunikation können Gespräche falsch interpretiert werden.

Um die Körpersprache einer anderen Person lesen zu können, müssen Sie sich zunächst der Nachrichten bewusst sein, die Sie selbst senden. Nach dem Lesen dieses Buches haben Sie möglicherweise festgestellt, dass Sie häufig eine schlechte Körperhaltung an den Tag legen und den Eindruck erwecken, dass Sie unsicher sind. Oder vielleicht verschränken Sie Ihre Arme vor der Brust, was Sie defensiv erscheinen lässt.

Glücklicherweise können Sie jedoch, wie Sie bereits festgestellt haben, mit nonverbaler Kommunikation auch Nachrichten an sich selbst kommunizieren! Wenn Sie sich selbstsicherer fühlen möchten, stehen Sie ein oder zwei Minuten lang in einer Machtpose, dabei sind Ihre Beine weit gespreizt und Ihre Hände in die Hüften gestemmt. Sie können auch dann lächeln, wenn Sie sich mürrisch fühlen. Sie wissen nun, dass ein Lächeln Ihrem Gehirn sagt, dass Sie glücklich sind.

Ihre eigene Körpersprache unterstützt Sie bei der Lösung schwieriger Probleme. Wenn Sie nicht mehr weiterkommen, legen Sie sich auf den Rücken und verschränken die Arme vor der Brust, da diese Bewegungen Entschlossenheit und Kreativität steigern. Und das ist genau das, was Sie brauchen, um die Antwort herauszufinden!

Viele Menschen empfinden das Sprechen oder Präsentieren in der Öffentlichkeit als schrecklich. Doch in diesem Buch habe ich

Ihnen das Geheimnis verraten: Vorgetäuschte Selbstsicherheit. Sie wissen jetzt, wie Sie eine selbstbewusste Körpersprache verwenden können, um nicht nur Ihr eigenes Selbstvertrauen zu stärken, sondern auch um bei Ihren Zuhörern bessern anzukommen. Möglicherweise benötigen Sie dazu zuerst einige Machtposen im Backstage-Bereich, doch dann betreten Sie die Bühne mit festem Schritt. Sie stehen mit einer aufrechten Körperhaltung auf der Bühne und stellen beim Sprechen Augenkontakt mit Ihren Zuschauern her. Ihr Gewicht ist fest auf beide Füße verlagert, sodass Sie nicht schwanken.

Alle Bewegungen, die Sie machen, werden bewusst gemacht. Sie verwenden Ihre Hände, um Dinge zu betonen und um damit zu kommunizieren. Wenn Sie mit Ihrem Vortragsinhalt vertraut sind, treten Sie auch hinter dem Rednerpult hervor und nähern sich dem Publikum. Sie wissen, dass Sie regungslos auf der Bühne stehen müssen, um Ihrem Standpunkt Nachdruck zu verleihen, und sich erst danach wieder bewegen sollten. Und Sie lächeln, weil Sie wissen, dass Menschen auf Herzlichkeit und Freundlichkeit reagieren.

Viele dieser Techniken sind auch nützlich, wenn Sie zum ersten Mal neue Leute treffen. Vorgetäuschtes Selbstvertrauen ist auch in diesem Fall vollkommen in Ordnung, da Sie mit der Zeit immer selbstsicherer werden. Wenn Sie Selbstsicherheit vortäuschen, fühlen Sie sich sicherer, sodass Sie mehr Menschen für sich gewinnen können, wodurch Sie sich noch selbstbewusster fühlen. Das ist positive Rückkopplung wie aus dem Lehrbuch!

Wir Menschen möchten solche Personen näher kennenlernen, die dafür sorgen, dass wir uns wohl und willkommen fühlen. Sie haben einen festen, aber nicht zu festen Händedruck und neigen Ihren Kopf nach vorne, wenn Sie sich mit jemandem treffen, was auf Interesse hinweist. Sie sind offen für Ihr Gegenüber und benutzen weder Ihre Arme noch etwas anderes, um Ihren Körper vor der Person abzuschirmen, mit der Sie gerade sprechen. Wenn Sie

Augenkontakt halten, nicken Sie anerkennend und bringen Ihr Gegenüber dazu, über sich selbst zu sprechen. Dies ist das Lieblingsthema eines jeden Menschen und macht Sie sofort sympathischer!

Jetzt, da Sie sich Ihrer eigenen nonverbalen Kommunikation bewusst sind und Ihre eigenen Bewegungen geübt haben, können Sie diese Fähigkeiten nutzen, um auch andere Menschen besser zu lesen. Verstehen Sie, was Ihre Mitmenschen tatsächlich sagen, und fühlen Sie sogar, was sie fühlen, indem Sie ihre Bewegungen spiegeln.

Sie können feststellen, ob sich jemand von Ihnen abgeschottet, wenn er Ihnen nicht mit seinem ganzen Körper zugewandt ist und seine Arme (und vielleicht auch seine Beine!) verschränkt hat. Oder vielleicht hält diese Person ihre Handtasche oder Aktentasche als Schutzschild vor sich. Wenn Sie eine Verbindung zu dieser Person herstellen möchten, müssen Sie sie zuerst dazu bringen, sich zu öffnen. Bieten Sie ihr ein Getränk an, damit sie ihre Arme und Hände benutzen muss.

Sie können sich auch dafür entscheiden, zur nächsten Person überzugehen. Sie haben vielleicht die freundlichste, herzlichste und charismatischste Körpersprache der Welt und doch gibt es jemanden, der Sie nicht mag. Um Zeit zu sparen oder um jemanden zu finden, der wirklich daran interessiert ist, was Sie zu sagen haben, können Sie sich auf eine ganz neue Person konzentrieren.

Eine Person, die mehr von Ihnen hören möchte, lächelt Sie mit einem ehrlichen Lächeln an und wendet Ihnen ihren Körper mitsamt Armen und Füßen zu. Eine solche Person nimmt direkten Augenkontakt mit Ihnen auf und sieht relaxt anstelle von verspannt aus.

Wenn Sie auf jemanden treffen, der angespannt, wütend oder frustriert ist, werden Sie bemerken, dass die Fäuste dieser Person geballt sind. Sie sollten sich dieser Person nicht zu sehr nähern, da dies als konfrontativ oder bedrohlich angesehen wird. In einem solchen Fall wenden Sie sich dieser Person lieber seitlich zu. Damit beschäftigen Sie sich zwar immer noch mit dieser Person, wenden Ihren Körper jedoch nicht frontal dieser Person zu, was die Bedrohungsstufe verringert. Oder Sie meiden diese Person ganz, was ebenfalls eine gute Option ist!

### Der wichtigste Punkt, den Sie mitnehmen sollten

Denken Sie immer daran, dass nonverbale Kommunikation eine erlernbare Fähigkeit ist. Es handelt sich hierbei nicht immer unbedingt um eine Fähigkeit, die angeboren ist. Durch regelmäßiges Üben und Feedback können Sie Ihre eigene Körpersprache und Ihre Fähigkeit, die Körpersprache anderer Menschen zu lesen, verbessern.

Sie können mit Freunden und Familie üben. Wenn Sie nette Kollegen bei der Arbeit haben, können Sie diese ebenfalls miteinbeziehen. Auf diese Weise erhalten Sie Feedback darüber, ob Sie Botschaften wie beabsichtigt senden oder interpretieren.

Sie können auch üben, Menschen zu lesen, wenn Sie unterwegs sind. Möglicherweise erhalten Sie dabei kein Feedback, aber Sie werden trotzdem stärker auf die Hinweise achten, nach denen Sie Ausschau halten. Sie sollten jedoch so weit entfernt sein, dass Sie nicht hören können, was die Leute zueinander sagen. Studieren Sie ihre Körpersprache. Verhalten sie sich defensiv? Sind sie gelangweilt? Handelt es sich um ein Paar, das gerade einen großen Streit hatte, oder um ein Paar, das seine gemeinsame Zeit genießt?

Übung macht den Meister und kann auch Spaß machen! Die nonverbale Kommunikation ist eine Fähigkeit, die Ihre Beziehungen zu anderen Menschen vertiefen, Sie zu einem besseren Redner und Kommunikator und zu einem besseren Freund und Kollegen machen kann.

# VERWEISE

An, S. (2019). "7 Body Language Tricks to Become Likeable in the First Meeting." https://www.shoutmeloud.com/body-language-tricks-become-likeable.html

Bradberry, T. "15 Body Language Blunders That Make You Look Bad." https://www.talentsmart.com/articles/15-Body-Language-Secrets-of-Successful-People-2147446605-p-1.html

"Body Language: Six non-verbal ways to command attention." (2019). https://www.creativeboom.com/tips/body-language-six-non-verbal-ways-to-command-attention/

Bortnicker, C. (2011). "What Steve Jobs' Body Language Means for Apple Stock." http://www.minyanville.com/mvpremium/what-steve-jobs-body-language/

Fletcher, J. "The Important Connection Between Body Language and EQ." https://www.linkedin.com/pulse/important-connection-between-body-language-eq-joan-fletcher

Fremont College. (2018). "How to Read Body Language - Revealing Secrets Behind Nonverbal Cues." https://fremont.edu/how-to-read-body-language-revealing-the-secrets-behind-common-nonverbal-cues/

Haden, J. (2018). "8 Powerful Ways to Improve Your Body Language." https://www.inc.com/jeff-haden/8-powerful-ways-to-improve-your-body-language.html

Haden, J. (2018). "Science Says These 11 Body Language Secrets Will Make You More Successful." https://www.inc.com/jeff-haden/science-says-these-11-body-language-secrets-will-make-you-more-successful.html

Haden, J. (2019). "A Body Language Expert Analyzed Popular TED Talks to Uncover the Top 5 Nonverbal Cues." https://www.inc.com/jeff-haden/a-body-language-expert-analyzed-popular-ted-talks-to-uncover-top-5-nonverbal-cues.html

"Harnessing the power of body language to deliver captivating speeches and presentations." (2015). https://www.bytestart.co.uk/body-language-speech-presentation.html

Henry, Z. (2015). "5 body-language tricks of billionaire entrepreneurs." https://www.businessinsider.com/body-language-of-successful-people-2015-5?international=true&r=US&IR=T

Hindy, J. (2018). "Top 20 Body Language Indicators." https://www.lifehack.org/articles/communication/top-20-body-language-indicators.html

"How to engage your audience with the right body language." (2016). https://wisembly.com/en/blog/2016/05/13/engage-audience-body-language

Jalili, C. (2019). "How to Tell if Someone is Lying to You, According to Body Language Experts." Time. https://time.com/5443204/signs-lying-body-language-experts/

Kahnemann, D. (2011). Thinking Fast and Slow. New York: Farrar Strauss Giroux.

Kinsey Goman, C. (2012). "Seven Tips for Effective Body Language on Stage." Forbes. https://www.forbes.com/sites/carolkinseygoman/2012/02/13/seven-tips-for-effective-body-language-on-stage/#41048061536d

Kinsey Goman, C. (2018). "5 Ways Body Language Impacts Leadership Results." Forbes. https://www.forbes.com/sites/carolkinseygoman/2018/08/26/5-ways-body-language-impacts-leadership-results/

Krauss Whitbourne, S. (2012). "The Ultimate Guide to Body Language." Psychology Today. https://www.psychologytoday.com/intl/blog/fulfillment-any-age/201206/the-ultimate-guide-body-language

Laliberte, M. (2017). "8 Ways to Use Body Language to Build Trust." Reader's Digest. https://www.rd.com/advice/relationships/body-language-trust/

"Leadership 101: How to Command Respect Through Body Language." (2009). https://www.comparebusinessproducts.com/fyi/leadership-101-how-command-respect-through-body-language

Matthews, N. (2015). "How to Act Like the Most Powerful Girl in the Room." Elle. https://www.elle.com/life-love/tips/g25706/how-to-fake-confidence-body-language

Mejia, Z. (2018). "What Sheryl Sandberg's and Jack Dorsey's Capitol Hill testimony can teach anyone about reacting under pressure." https://www.cnbc.com/2018/09/06/sheryl-sandberg-jack-dorsey-body-language-tips-congressional-hearing.html

Misner, I. (2013). "4 Body Language Cues You Need to Know When Networking." Entrepreneur. https://www.entrepreneur.com/article/227257

Misner, I. (2018). "How to Display the Ideal Body Language When Networking." Entrepreneur. https://www.entrepreneur.com/article/315358

"9 Powerful Body Language Tips To Instantly Boost Your Confidence." (2019). https://liveboldandbloom.com/10/self-confidence/confident-body-language

Oakey, M. (2017). "How To Speed Read Body Language With Igor Ledochowski." http://www.yourcharismacoach.com/blog/how-to-speed-read-people-master-hypnotist-igor-ledochowski-shares-his-secrets/

"Parts-of-the-body language." http://changingminds.org/techniques/body/parts_body_language/parts_body_language.htm

Patton, M. (2014). "7 Scientifically Proven Steps to Increase Your Influence." Entrepreneur. https://www.entrepreneur.com/article/240960

Riggio, R. (2011). "Reading Body Language: It's Not Easy, But You Can Improve." Psychology Today. https://www.psychologytoday.com/intl/blog/cutting-edge-leadership/201106/reading-body-language-it-s-not-easy-you-can-improve

Roysam, V. (2016). "3 Things You Didn't Consider While Reading Body Language." https://yourstory.com/2016/11/3-body-language-misconceptions

Sheffield, T. (2016). "9 Body Language Tips That Make People Want To Be Around You More." https://www.bustle.com/articles/166064-9-body-language-tips-that-make-people-want-to-be-around-you-more

Study Body Language. http://www.study-body-language.com/

"The Charisma Myth: Summary & Review." https://thepowermo-ves.com/the-charisma-myth/#Charismatic_Body_Language

Thomas, J. (2018). "Unconfident Vs. Confident Body Language." https://www.betterhelp.com/advice/body-language/unconfident-vs-confident-body-language/

"Trustworthy Body Language." http://changingminds.org/tech-niques/body/trustworthy_body_language.htm

Wertheim, E. The Importance of Effective Communication. https://docplayer.net/9673598-The-importance-of-effective-com-munication-edward-g-wertheim-ph-d-northeastern-university-col-lege-of-business-administration.html

# BONUSHEFT

Als Beilage zu diesem Buch erhalten Sie ein kostenloses E-Book zum Thema „Morgenroutinen der Gewinner".

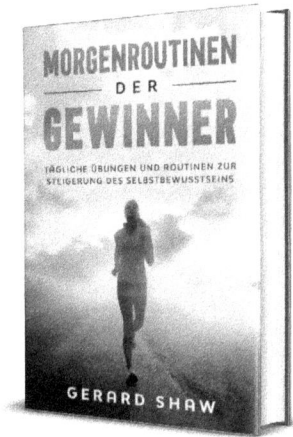

In diesem Bonusheft „Morgenroutinen der Gewinner" erhalten Sie Übungen, die Sie in Ihrem Alltag problemlos anwenden können, um Ihr Selbstbewusstsein zu steigern.

Sie können das Bonusheft folgendermaßen erhalten:

Öffnen Sie ein Browserfenster auf Ihrem Computer oder Smartphone und geben Sie Folgendes ein:

gerardshaw.com/bonusheft

Sie werden dann automatisch auf die Download-Seite geleitet.

Bitte beachten Sie, dass dieses Bonusheft nur für eine begrenzte Zeit zum Download verfügbar ist.